易卫民 ◎ 著

OPERATION
AND MANAGEMENT
OF FINANCIAL HOLDING COMPANY

金融控股公司
经营管理

企业管理出版社
ENTERPRISE MANAGEMENT PUBLISHING HOUSE

图书在版编目（CIP）数据

金融控股公司经营管理 / 易卫民著. -- 北京：企业管理出版社, 2024. 11. -- ISBN 978-7-5164-3156-6

Ⅰ. F832.3

中国国家版本馆 CIP 数据核字第 2024WA8748 号

书　　　名：金融控股公司经营管理
书　　　号：ISBN 978-7-5164-3156-6
作　　　者：易卫民
策划编辑：侯春霞
责任编辑：侯春霞
出版发行：企业管理出版社
经　　　销：新华书店
地　　　址：北京市海淀区紫竹院南路 17 号　　邮编：100048
网　　　址：http://www.emph.cn　　电子信箱：pingyaohouchunxia@163.com
电　　　话：编辑部 18501123296　　发行部（010）68417763、（010）68414644
印　　　刷：北京厚诚则铭印刷科技有限公司
版　　　次：2024 年 11 月第 1 版
印　　　次：2024 年 11 月第 1 次印刷
开　　　本：710 mm × 1000 mm　　1/16
印　　　张：13.5 印张
字　　　数：190 千字
定　　　价：79.00 元

版权所有　翻印必究·印装有误　负责调换

序 言

金融控股公司是我国新兴的一类特殊金融牌照。2020年9月11日，国务院发布《关于实施金融控股公司准入管理的决定》，授权中国人民银行对金融控股公司开展市场准入管理。同日，中国人民银行发布《金融控股公司监督管理试行办法》，以并表为基础，按照全面、持续、穿透的原则，对非金融企业投资控股形成的金融控股公司依法准入并实施监管，规范金融控股公司的经营行为。金融行业评价此举补齐了我国金融监管的"最后一块拼图"，金融控股公司规范发展迎来新的阶段。

金融控股公司规模大、业态多，是金融行业的"集大成者"，在金融综合化经营浪潮下，是我国打造具有国际竞争力的金融企业的希望所在；同时，金融控股公司业态关联度高、风险外溢性强，具有一定的系统重要性，影响着金融稳定，既具有经济属性，又具有社会属性。面对全面监管要求，金融控股公司经营管理错综复杂，监管部门多，合规成本较高，在条条框框中探索出一条可以持续向前走的路极为不易。推动金融控股公司规范经营和发展是一个系统工程，对从业者是一个极大的挑战。本书试图解读金融控股公司、理解金融控股公司，内容涵盖金融控股公司合规管理、公司治理、风险管理、协同创新、关联交易、资本管理等重点方面，"一眼"看规范经营，"一眼"看高质量发展，在经营操作层面分析对金融控股公司的具体要求，以从业者的角度提供一本工具书，方便查找专业工作的解决方案，以期为行业的规范发展提供助力，为"金融强国"建设贡献智慧。

综合金融具有新质生产力特征，也是培育新质生产力发展的重要工具。当前，在我国金融监管改革"一行一局一会"的基本框架下，金融控股公司纳入国家金融监督管理总局监管，迎来金融控股公司规范发展的新阶段。笔者作为金融控股公司行业的从业人员和研究人员，衷心希望行业不断规范发展。本书所述乃一家之言，未必准确，恳请读者海涵，也希望大家一同探讨，不断完善我国金融控股公司监督管理机制，共同为建设世界一流的金融集团而持续探索。

目录

第一章 金融控股公司的监管要求 ············· 1
    一、金融控股公司的定义及金融机构的类型 ········· 1
    二、设立金融控股公司的条件 ················· 3
    三、业务范围 ····························· 6
    四、主要监管要求梳理 ······················· 8
    五、监管职责及手段 ························ 11
    六、金融控股公司、股东及所控股金融机构之间的关系 ··· 13
    七、宏观监管和政策要求 ····················· 15
    八、结语 ······························· 18

第二章 金融控股公司加重责任制度 ············· 20
    一、金融控股公司加重责任制度的含义 ············ 20
    二、金融控股公司加重责任制度的现实意义 ········· 21
    三、金融控股公司加重责任的主要表现 ············ 22
    四、金融控股公司加重责任的现实困境 ············ 26
    五、探索赋予金融控股公司一定的制度优势和业务功能 ·· 29
    六、结语 ······························· 33

第三章 申请设立金融控股公司的战略考量 ········· 34
    一、"准"金控平台的特征 ···················· 34
    二、持牌金融控股公司的特点 ················· 35

三、设立金融控股公司的主观动力分析 ·············· 36

四、设立金融控股公司的竞争劣势分析 ·············· 38

五、推动金融控股公司持续发展的基本条件 ············ 41

六、符合设立金融控股公司条件的金融集团的可能选择 ······ 42

七、申请设立金融控股公司需要准备的事项 ············ 43

八、推动金融控股公司健康发展的建议 ·············· 44

九、结语 ····························· 46

第四章 金融控股公司良好公司治理 ················ 47

一、金融控股公司良好公司治理的目标 ·············· 47

二、金融控股公司面临的公司治理问题 ·············· 48

三、金融控股公司良好公司治理的特征 ·············· 49

四、金融控股公司良好公司治理的要素 ·············· 50

五、金融控股公司高管任职资格条件 ··············· 54

六、ESG 实践有助于提高金融控股公司治理水平 ········· 56

七、结语 ····························· 59

第五章 金融控股公司合规管理体系建设 ·············· 61

一、金融控股公司合规管理体系建设面临的形势 ·········· 61

二、金融控股公司合规管理体系建设关注重点 ··········· 63

三、金融控股公司合规管理体系建设框架 ············· 65

四、金融控股公司合规管理运营组织机制 ············· 67

五、金融控股公司合规管理体系建设技术路线 ··········· 69

六、金融控股公司数字化合规管理体系建设要点 ·········· 71

七、结语 ····························· 72

第六章 金融控股公司全面风险管理体系建设 ············ 73

一、建立金融控股公司全面风险管理体系的背景和意义 ······ 73

二、金融控股公司面临的主要风险分析 ·············· 74

三、金融控股公司全面风险管理体系建设的基本原则 ······· 77

  四、金融控股公司全面风险管理体系建设 ………………………… 79
  五、金融控股公司全面风险管理"三道防线" …………………… 81
  六、金融控股公司全面风险管理指标体系构建 …………………… 82
  七、结语 ………………………………………………………………… 86

第七章　金融控股公司关联交易管理 ……………………………………… 88
  一、金融控股公司关联交易的监管规范 …………………………… 88
  二、金融控股公司关联交易产生的风险 …………………………… 89
  三、金融控股公司关联交易的利益冲突与协调平衡 ……………… 91
  四、金融控股公司关联交易管理的核心环节 ……………………… 92
  五、金融控股公司加强关联交易合规管理的措施 ………………… 96
  六、结语 ………………………………………………………………… 98

第八章　金融控股公司协同创新实践 …………………………………… 100
  一、协同创新的理论基础和现实意义 …………………………… 100
  二、协同相关监管要求和指标分析 ……………………………… 101
  三、金融控股公司开展协同的基本原则 ………………………… 105
  四、金融控股公司协同模式分析 ………………………………… 106
  五、对金融控股公司开展协同的意见和建议 …………………… 108
  六、结语 ……………………………………………………………… 110

第九章　金融控股公司资本管理探析 …………………………………… 111
  一、金融控股公司资本充足性核算的难点 ……………………… 111
  二、金融控股公司资本充足性核算的基本框架 ………………… 113
  三、金融控股公司资本充足性核算的操作要点 ………………… 116
  四、加强金融控股公司资本充足性管理的意见和建议 ………… 118
  五、结语 ……………………………………………………………… 120

第十章　金融控股公司集团管理模式 …………………………………… 122
  一、相关概念及理论 ……………………………………………… 123
  二、金融控股公司对控股金融机构管理的监管要求 …………… 124

三、金融控股公司对控股金融机构的集团管控模式分析 …… 130

四、关于金融控股公司加强控股金融机构管控的意见和建议 …… 133

五、结语 …… 136

第十一章 金融控股公司并表监管 …… 138

一、金融控股公司并表监管的内涵 …… 138

二、金融控股公司并表监管面临的问题和挑战 …… 139

三、金融控股公司并表监管的方案建议 …… 140

四、金融控股公司面对并表监管的管理机制建设 …… 143

五、结语 …… 145

第十二章 金融控股公司服务实体经济路径 …… 146

一、金融服务实体经济存在的问题 …… 146

二、金融控股公司服务实体经济的现实意义 …… 147

三、金融控股公司服务实体经济的经营模式 …… 148

四、金融控股公司服务实体经济的重点方向 …… 150

五、金融控股公司服务实体经济的创新实践 …… 153

六、结语 …… 156

第十三章 金融控股公司人力资源管理 …… 157

一、金融控股公司人力资源管理的特点 …… 157

二、金融控股公司人力资源管理的重点 …… 158

三、金融控股公司人力资源发展策略建议 …… 161

四、总结 …… 164

第十四章 金融控股公司监管评级管理 …… 165

一、监管评级管理的重要性 …… 165

二、监管评级的基本逻辑 …… 167

三、金融机构的监管评级分类 …… 169

四、总结 …… 172

第十五章　金融控股公司经营管理的公众责任 …………………… 173
一、消费者权益保护责任 ………………………………………… 173
二、反洗钱责任 …………………………………………………… 174
三、风险管理和内部控制责任 …………………………………… 176
四、其他公众责任 ………………………………………………… 178
五、结语 …………………………………………………………… 180

附录　我国主要金融机构的业务与监管 …………………………… 182
一、金融监管关注重点 …………………………………………… 182
二、中国金融监管及金融组织体系 ……………………………… 184
三、商业银行业务主要监管指标 ………………………………… 187
四、证券公司业务主要监管指标 ………………………………… 189
五、期货公司业务主要监管指标 ………………………………… 190
六、基金管理公司业务主要监管指标 …………………………… 190
七、保险公司业务主要监管指标 ………………………………… 192
八、非银行金融机构业务主要监管指标 ………………………… 193

参考文献 ……………………………………………………………… 197

第一章

金融控股公司的监管要求

随着我国金融市场化改革的加快，金融机构聚集了大量的金融资源，越来越多的主体进入金融行业淘金，形成数量众多的金控平台，这些金控平台通过控股关系对金融机构的经营产生实质性影响，从而形成实质上的金融综合化经营。这在一定程度上打破了我国金融分业经营的界限，存在一定的监管真空，这些金控平台的杠杆性和传染性会造成一些风险隐患。党的十八大以来，党中央多次指出要形成金融发展和监管强大合力，补齐监管短板，避免监管空白。在中央强调所有金融业务都要纳入监管的监管思路下，2020年9月，经党中央、国务院同意，依据《国务院关于实施金融控股公司准入管理的决定》（国发〔2020〕12号），中国人民银行印发《金融控股公司监督管理试行办法》（中国人民银行令〔2020〕第4号），将金融控股公司纳入全面监管。从国际上看，美国、日本、韩国等国家和地区都有专门的金融控股公司立法，对金融控股公司实施准入许可和全过程业务监管。2008年国际金融危机之后，主要国家和地区更加强调金融整体监管，提高了对金融控股公司在资本充足、公司治理、风险隔离等方面的监管标准。

一、金融控股公司的定义及金融机构的类型

（一）金融控股公司的概念界定

通过查询国家企业信用信息公示系统可知，截至2024年6月，我国企

业字号中含有"金融控股"字样的企业有8000多家，其中大量企业并不从事金融业务。出现这种情况主要是因为长期以来对金融控股公司的监管不足，对金融控股公司缺乏法律界定，设立金融控股公司与一般商业企业大体相同，并不需要监管许可。虽然冠以金融控股公司名字的企业众多，但业务、规模、形态差异巨大。本书研究的金融控股公司仅指《金融控股公司监督管理试行办法》规范的金融集团。根据《金融控股公司监督管理试行办法》，"金融控股公司是指依法设立，控股或实际控制两个或两个以上不同类型金融机构，自身仅开展股权投资管理、不直接从事商业性经营活动的有限责任公司或股份有限公司"。《金融控股公司监督管理试行办法》对金融控股公司执行准入管理，非经许可，企业不得在名称中使用"金融控股""金融集团"等字样。

（二）金融机构的概念界定

目前我国对于金融机构的界定较为模糊，中国人民银行《金融机构编码规范（2009）》列举的金融机构多达30类，但目前主要运用于中国人民银行金融统计。在我国的金融监管实践中，判断是否为纳入金融监管的金融机构主要以是否持有"金融许可证"为依据，贷款公司、小额贷款公司、融资担保公司、融资租赁公司、地方金融交易所、典当公司、商业保理公司、地方资产管理公司、票据经纪公司、私募基金等机构基本上不被认定为监管意义上的"金融机构"，在金融行业内一般称为"类金融机构"。《金融控股公司监督管理试行办法》对于金融机构的认定采取了列举方式，根据业务模式分为银行（商业银行、金融租赁公司，不含村镇银行）、信托、金融资产管理、证券（证券公司、公募基金管理公司、期货公司）、保险（寿险、财险、再保险、保险资管公司）和其他六个类型，范围较窄，可简单记为"银、证、保、信托、资管和其他"，分别对应六种金融业务形态。在金融控股公司内部，按照对旗下机构股权控制程度的不同，可以划分为全资、控股、合营、联营和参股公司。根据监管政策，理财子公司、金融资产投资公司、基金子公司等金融机构没有被纳入，主要是因为这些金融机构的股东有政策限定性要求，金融控股公司一般不会成为这类机构的控股股东（如基金子公司100%被基金控股）。

（三）金融控股公司的制度优势

对标成熟的海外市场，金融混业经营逐渐成为成熟的经营模式，金融控股公司逐渐成为主流治理模式。以美国、英国为代表的发达国家以及以日本为代表的新兴市场经历了分业与混业的探索后，纷纷选择以金融控股公司作为混业经营的实现形式。金融控股公司对旗下银行及非银行机构实施控股，作为子公司的银行、证券公司、保险公司在上级控股公司的协调下独立运作，集团整体通过其从事不同业务的子公司来实现混业经营。在该种模式下，子公司各自从事其领域内的金融业务，并没有业务的相互渗透，大体上形成了集团混业、经营分业的格局。金融控股公司的模式兼具分业经营和混业经营的优点，体现出较高的灵活应变能力与竞争力。

二、设立金融控股公司的条件

中国人民银行2020年11月发布了《金融控股公司设立和变更服务指南》，对设立金融控股公司、金融控股公司治理事项变更（变更名称、住所、注册资本；修改公司章程；变更持有5%以上股权的主要股东、实际控制人；投资控股其他金融机构；增加或减少对所控股金融机构持股或出资比例，导致金融控股公司实际控制权益变更或丧失）等程序要求进行了详细规定。

（一）准入要求

实质控制两个或两个以上不同类型金融机构，满足以下三个规模条件之一，就应当设立金融控股公司：一是控股金融机构总资产超5000亿元；二是控股除银行外金融机构总资产超1000亿元；三是受托管理资产规模超5000亿元。同时，《金融控股公司监督管理试行办法》也提出，按照宏观审慎监管要求，监管认为需要设立金融控股公司的，也应该设立，保留了一定的监管灵活度。金融控股公司准入指标要求如表 1-1 所示。

表 1-1　金融控股公司准入指标要求

实控金融机构	金融机构资产规模	银行以外其他类型金融机构资产规模	受托管理资产总规模	是否需设立
含商业银行	≥ 5000 亿元	—	—	是
	< 5000 亿元	≥ 1000 亿元	—	是
		—	≥ 5000 亿元	是
		< 1000 亿元	< 5000 亿元	否
不含商业银行	≥ 1000 亿元	—	—	是
	—	—	≥ 5000 亿元	是
	< 1000 亿元	—	< 5000 亿元	否
中国人民银行按照宏观审慎监管要求，认为需要设立金融控股公司的				是

如果企业集团内的金融资产占集团总资产的比重达到或超过 85%，可由企业集团申请设立金融控股公司，金融控股公司及其控股机构共同构成金融控股集团；也可由企业集团母公司申请作为金融控股公司，企业集团整体被认定为金融控股集团。也就是说，符合设立条件，资产比重达标，企业集团设立金融控股公司的形式有两种。第一种是企业集团新设一家法人机构作为金融控股公司，该金融控股公司承接企业集团内部所有的金融资产。该模式存在大量的股权转移，债权债务关系处理难度大，过程复杂，成本较高。例如，中信金融控股公司就采取这种模式，后续将中信银行、中信证券、中信保诚人寿、中信信托、中信消费金融等多张金融牌照股权转移至中信金融控股公司。第二种是企业集团整体转设为金融控股公司，企业的股权关系、债权债务关系不变，设立方式较为快捷，成本较低。例如，北京金融控股公司就采取该种设立方式；招商局金融控股公司也采取了第二种方式，原招商局旗下金融资产主要由深圳市招融投资控股有限公司持有，招商局以该平台申请设立金融控股公司，然后更名为金融控股公司。

从以上分析可以看出，如果企业集团的金融资产占集团总资产的比重达到或超过85%，符合设立金融控股公司要求的，较快捷的方式是直接转设。然而，在企业的实践中，更多的情况是符合设立金融控股公司的基础要求，但是企业集团的整体金融资产不符合比例要求，需要进行资产结构调整，此时需要打造一个符合监管要求的设立主体。主要有三种方式：第一种是对外转让非金融股权，使企业集团资产比例达标，然后整体申请金融控股公司；第二种是企业集团新设一个法人企业，由该企业承接金融资产，并申请设立金融控股公司；第三种是将企业集团的金融资产置入现有的一家法人，由该法人申请设立金融控股公司。

（二）主要财务指标要求

一是资本实力要求。实缴注册资本额不低于50亿元人民币，且不低于直接所控股金融机构注册资本总和的50%。

二是持续盈利要求。主要股东最近两个会计年度应当连续盈利。成为控股股东或实际控制人的，最近三个会计年度应当连续盈利，净资产达到总资产的40%，权益性投资余额不超过净资产的40%。

（三）治理要求

金融控股公司需要了解其控股金融机构的行业属性、风险特征、审慎经营规则，以及需要履行的权利和义务，积极维护金融机构的稳健经营及金融市场的稳定，保护消费者权益，支持金融机构更好地服务实体经济、防控金融风险。

一是股东实力强，拟设金融控股公司的股东资质要合规，大股东核心主业突出，资本实力比较雄厚，经营规范，投资资金真实合法。

二是自有资金来源清晰，不得以委托资金、债务资金等非自有资金以及投资基金等方式投资金融控股公司。不得对金融机构进行虚假注资、循环注资，不得抽逃金融机构资金。

三是治理机构简单清晰，拟设金融控股公司股权结构应当简单、清晰、可穿透，能穿透识别实际控制人和最终受益人。不得委托持股，包括委托他人或者接受他人委托。

四是组织架构健全，风险管理等制度有效，确保金融控股公司设立以后有完善的公司治理、健全的风险隔离机制、充足的资本水平等。

（四）过渡期安排

一是具备设立金融控股公司条件的，应于 2021 年 9 月前向中国人民银行提出申请。

二是《金融控股公司监督管理试行办法》实施前，金融控股公司所控股金融机构已成为其他类型金融机构的主要股东的，鼓励其将股权转让至金融控股公司。

三是《金融控股公司监督管理试行办法》实施前已存在的企业集团，股权结构等不符合要求的，应当在提出申请设立金融控股公司时，向中国人民银行提交整改计划。

四是应当设立金融控股公司，但未获得许可的，将责令改正。逾期不改正的，可以要求其部分或全部转让对金融机构的股权，至丧失实质控制权。

本书写作时，已超过 2021 年 9 月。但可能由于监管机构的改革，相关强制退出、强制整改等措施并未得到严格执行，目前还有大量企业冠以"金融控股公司""金融控股集团"等字样。

三、业务范围

（一）金融控股公司可开展的业务

一是对所控股的金融机构进行股权管理。股权管理的定义较为宽泛，合格主体当然有权对其投资股权进行管理，这是独立法人主体本身的权益，监管需进一步明确股权管理的内容。

二是投资经国务院金融管理部门认定与金融业务相关的机构，但投资总额账面价值原则上不得超过金融控股公司净资产的 15%。与金融业务相关的机构有哪些类型，需要监管进一步明确。

三是对所控股金融机构进行流动性支持（经中国人民银行批准）。金融控股公司应当严格规范该资金的使用，并不得为其主要股东、控股股东和实际控制人提供融资支持。

四是开展业务协同。金融控股公司可以建立合理的经营机制，共享客户信息、销售团队、信息技术系统、运营后台、营业场所等资源。

（二）金融控股公司的业务限制

一是从事非金融业务受限。《金融控股公司监督管理试行办法》规定只能投资与金融业务相关的机构，严格隔离金融板块与实业板块，实业投资将受到极大的限制。

二是避免资金回流。金融控股公司不得为其主要股东、控股股东和实际控制人提供融资支持。

三是金融控股公司对金融控股集团外的担保余额不得超过金融控股公司净资产的10%。

（三）金融控股公司所控股金融机构的关联交易限制

《金融控股公司监督管理试行办法》对关联交易进行了一些原则上的规定，将金融控股公司关联交易作为重要的监管内容。2023年2月，中国人民银行发布《金融控股公司关联交易管理办法》，对关联交易监管进行了更为细致的规定。

一是金融控股公司所控股金融机构（财务公司除外）不得向金融控股公司提供融资。

二是金融控股公司所控股金融机构（财务公司除外）不得向金融控股公司的股东、其他非金融机构关联方提供无担保融资。

三是金融控股公司所控股金融机构（财务公司除外）向关联方提供的融资、担保总额，不得超过金融机构资本净额的10%，或超过关联方资本净额的20%。

四是禁止金融控股公司所控股金融机构（财务公司除外）和非金融机构

接受金融控股公司的股权作为质押标的。

四、主要监管要求梳理

从实践看，多数经济体主要从资本充足水平、股权结构与股东资质、关联交易及"防火墙"设置等方面对金融控股公司进行监管。参考国外监管措施，我国《金融控股公司监督管理试行办法》对金融控股公司的集中度、"防火墙"设置、关联交易、对外担保以及压力测试体系等提出了具体的监管要求。以下主要梳理《金融控股公司监督管理试行办法》、《银行保险机构关联交易管理办法》（中国银行保险监督管理委员会令〔2022〕1号）、《银行保险机构大股东行为监管办法（试行）》（银保监发〔2021〕43号）、《证券公司股权管理规定》（2019年7月5日证监会令第156号公布，根据2021年3月18日证监会令第183号《关于修改〈证券公司股权管理规定〉的决定》修订）等制度关于金融控股公司的监管规定（见表1-2）。

表1-2 金融控股公司主要监管要求

监管内容	序号	具体要求
资本及杠杆监管	1	资本充足率监管
	2	偿债能力监管
	3	持股行为监管
风险株连监管	4	不得进行利益输送
	5	加强风险集中度和大额风险暴露管控
	6	建立风险隔离机制
公司治理监管	7	公司治理行为监管
	8	人员任职及兼职管理
	9	不得进行监管套利
	10	充分信息披露

（一）资本及杠杆监管

1. 资本充足率监管

金融控股公司、所控股金融机构以及集团整体的资本应当与资产规模和风险水平相适应，资本充足水平以并表管理为基础计算，并持续符合监管规定。另外，要求金融控股公司建立资本补充机制，具有为所控股金融机构持续补充资本的能力，当所控股金融机构资本不足时，金融控股公司应当及时补充资本。

2. 严格控制债务风险

要求金融控股公司加强流动性管理，保持债务规模和期限结构合理适当，加强资产负债管理，严格管理资产抵押、质押等行为，定期对资产进行评估，逐步实现动态评价，并按照企业会计准则相关规定计提减值准备。

3. 规范对金融机构的投资持股行为

要求金融控股公司使用来源合法的自有资金入股金融机构，不得循环出资、虚假出资。金融控股公司所控股金融机构之间不得交叉持股，企业集团整体被认定为金融控股集团的，集团内的金融机构与非金融机构之间不得交叉持股。金融控股公司所控股金融机构不得再成为其他类型金融机构的主要股东。不得从事非金融业务，投资实业板块受到严格限制，以严格隔离金融板块与实业板块。金融控股公司法人层级应该简单明了，金融控股公司和所控股金融机构法人层级原则上不得超过三级。严禁隐藏实际控制人、隐瞒关联关系、股权代持、私下协议等违法违规行为。

（二）风险株连监管

1. 不得进行利益输送

内部关联交易定价应该按照商业原则，以不优于对非关联方同类交易的条件进行，避免利益输送。不得聘用关联方控制的会计师事务所、专业评估机构、律师事务所为其提供审计、评估等服务。不得为股东及其关联方违规融资、腾挪资产、空转套利、隐匿风险等。

2. 加强风险集中度和大额风险暴露管控

要统筹协调金融控股公司体系内金融机构对单一客户的集中度，统筹协调对同一企业或集团的授信工作。金融控股公司应当制定大额风险暴露的管理政策和内控制度，实时监控大额风险暴露，制定大额风险暴露的预警报告制度，以及与风险限额相匹配的风险分散措施等。

3. 建立风险隔离机制

保持金融机构的独立性，强化风险隔离，包括金融控股公司与其所控股机构之间、其所控股机构之间的风险隔离，强化法人、人事、信息、财务和关联交易等"防火墙"，对金融控股公司体系内部的交叉任职、业务往来、信息共享，以及共用销售团队、信息技术系统、运营后台、营业设施和营业场所等行为进行合理隔离。

（三）公司治理监管

1. 公司治理行为监管

金融控股公司应当合法、有效地参与金融机构的公司治理，严禁滥用股东权利，严禁违规通过对董事会等决议设置前置批准程序、干预金融机构人才正常选聘程序、干预金融机构的绩效考核、干预金融机构正常经营决策程序、干预金融机构的财务管理等方式对金融机构进行不正当干预或限制。鼓励支持金融机构把党的领导与公司治理有机融合。

2. 人员任职及兼职管理

根据《金融控股公司董事、监事、高级管理人员任职备案管理暂行规定》，金融控股公司董事、监事和高级管理人员应当符合任职条件，并向中国人民银行备案。金融控股公司的高级管理人员原则上可以兼任所控股机构的董事或监事，但不能兼任所控股机构的高级管理人员。所控股机构的高级管理人员不得相互兼任。

3. 不得进行监管套利

金融控股公司要按照实质重于形式和穿透原则来认定关联方，关联方包括与金融控股公司存在控股和控制关系的各类市场主体。不得通过掩盖关联关系、拆分交易等各种隐蔽方式规避重大关联交易审批或监管要求，不得利用各种嵌套交易拉长融资链条、模糊业务实质、规避监管规定。

4. 充分信息披露

金融控股公司要按照法律、行政法规和中国人民银行要求，遵循真实、准确、完整的原则，及时进行信息披露。对信息披露中的虚假记载、误导性陈述及重大遗漏等依法承担责任。金融控股公司是服务实体经济的重要金融机构，监管机构鼓励金融机构披露履行社会责任的情况。

五、监管职责及手段

在金融控股公司监管方面，原由中国人民银行负责金融控股公司监管，银保监会、证监会监管所控金融机构，财政部制定财务制度。根据2023年3月中共中央、国务院印发的《党和国家机构改革方案》，在中国银行保险监督管理委员会的基础上组建国家金融监督管理总局，将中国人民银行对金融控股公司等金融集团的日常监管职责、有关金融消费者保护职责，中国证券监督管理委员会的投资者保护职责划入国家金融监督管理总局。国家金融监督管理总局有丰富的机构监管经验和充足的监管力量，主要监管手段如表1-3所示。

表1-3 对金融控股公司监管的主要手段

监管手段	序号	项目	具体内容
准入管理	1	市场准入	金融控股公司的设立、变更、终止以及业务范围变更等都需要经过监管机构的前置审查
	2	董监高任职备案管理	金融控股公司高管应该具备一定的任职条件
	3	规定事项的行政许可	包括投资其他金融机构，增加或减少对所控股金融机构持股或出资比例，名称、住所、注册资本、章程、主要股东的变更，金融控股公司分立、合并、终止或解散等

续表

监管手段	序号	项目	具体内容
监管检查	4	非现场检查	需定期与不定期向监管机构报送数据和相关报告
	5	现场检查	监管机构有权进入金融控股公司办公现场,现场问询、查阅资料、查看电子系统等。按照目前国家金融监督管理总局对金融机构的管理,每年均会安排专门的监管团队进驻金融机构开展现场检查
	6	监管谈话	监管机构有权要求与相关责任人进行监管谈话,要求其进行说明
事后监管	7	综合评估经营管理与风险状况	监管机构有权动态调整对金融控股公司的监管要求,有权指导相关指标改进
	8	信息披露	要求按规定进行信息报告和披露,不断推动信息公开
	9	监管处罚	监管机构有权对单位和个人进行处罚
	10	采取强制措施	包括限制经营、限制高管薪酬、限期补充资本、调整高管团队、责令金融控股公司转让所控股金融机构股权、责令金融控股公司股东转让股权

（一）准入管理

一是市场准入。监管机构审查批准金融控股公司的设立、变更、终止以及业务范围,金融控股公司在进行重要的工商变更前都需要经过监管机构的前置审查。

二是董监高任职备案管理。规定金融控股公司高管的任职条件,进行备案管理。

三是规定事项的行政许可。包括投资其他金融机构,增加或减少对所控股金融机构持股或出资比例,名称、住所、注册资本、章程、主要股东的变更,金融控股公司分立、合并、终止或解散等。

（二）监管检查

一是非现场检查。金融控股公司将定期与不定期向监管机构报送数据和相关报告。

二是现场检查。监管机构有权进入金融控股公司办公现场，现场问询、查阅资料、查看电子系统等。按照目前国家金融监督管理总局对金融机构的管理，每年均会安排专门的监管团队进驻金融机构开展现场检查。

三是监管谈话。监管机构有权要求与相关责任人进行监管谈话，要求其进行说明。

（三）事后监管

一是综合评估经营管理与风险状况。监管机构有权动态调整对金融控股公司的监管要求，有权指导相关指标改进。

二是信息披露。要求按规定进行信息报告和披露，不断推动信息公开。

三是监管处罚。监管机构有权对单位和个人进行处罚。

四是采取强制措施。包括限制经营、限制高管薪酬、限期补充资本、调整高管团队、责令金融控股公司转让所控股金融机构股权、责令金融控股公司股东转让股权。

六、金融控股公司、股东及所控股金融机构之间的关系

（一）金融控股公司与所控股金融机构

金融控股公司本身需要满足实际注册资本额不低于 50 亿元且不低于直接所控股金融机构注册资本总和的 50% 的条件。金融控股公司有能力为所控股金融机构持续补充资本和进行流动性支持。金融控股公司不得为其主要股东、控股股东和实际控制人提供融资支持。新增的金融控股公司，金融控股公司和所控股金融机构法人层级原则上不得超过三级。金融控股公司可以发行合格资本工具，保持金融控股集团整体资本充足。金融控股公司应当统筹协调集团对同一企业（含企业集团）的授信工作。

（二）股东需要满足一系列条件

不得以委托资金、债务资金等非自有资金以及投资基金等方式投资金融控股公司，不得委托他人或接受他人委托持有金融控股公司的股权。不得对

金融机构进行虚假注资、循环注资，不得抽逃金融机构资金。金融控股公司的主要股东，最近两个会计年度应当连续盈利。金融控股公司的控股股东或实际控制人，最近三个会计年度应当连续盈利，年终分配后净资产达到总资产的40%（母公司财务报表口径），权益性投资余额不超过净资产的40%（合并财务报表口径）。金融产品可以持有上市金融控股公司股份，但单一投资人、发行人或管理人及其实际控制人、关联方、一致行动人控制的金融产品持有同一金融控股公司股份合计不得超过该金融控股公司股份总额的5%。

（三）主要股东、控股股东或实际控制人负面清单

《金融控股公司监督管理试行办法》明确规定存在诚信记录不良、严重逃废债务、不配合监管等问题的主体，不得成为金融控股公司的主要股东。具体来看，存在以下情形的，不得成为金融控股公司的主要股东、控股股东或实际控制人：股权存在权属纠纷；曾经委托他人或接受他人委托持有金融控股公司或金融机构股权；曾经虚假投资、循环注资金融机构，或在投资金融控股公司或金融机构时，有提供虚假承诺或虚假材料行为；曾经投资金融控股公司或金融机构，对金融控股公司或金融机构经营失败或重大违规行为负有重大责任；曾经投资金融控股公司或金融机构，拒不配合国家金融管理部门监管；通过特定目的载体或委托他人持股等方式规避金融控股公司监管；关联方众多，股权关系复杂、不透明或存在权属纠纷，恶意开展关联交易，恶意使用关联关系；滥用市场垄断地位或技术优势不正当竞争，操纵市场、扰乱金融秩序；五年内转让所持有的金融控股公司股份；存在长期未实际开展业务、停业、破产清算、治理结构缺失、内部控制失效等影响履行股东权利和义务的情形，存在可能严重影响持续经营的担保、诉讼、仲裁或其他重大事项；其他可能对金融控股公司经营管理产生重大不利影响的情形。

（四）禁止交叉持股、反向持股、反向融资及高管相互兼任

所控股金融机构不得反向持有母公司股权。所控股金融机构之间不得交

叉持股。所控股金融机构不得再成为其他类型金融机构的主要股东。企业集团整体被认定为金融控股集团的，集团内的金融机构与非金融机构之间不得交叉持股。金融控股公司的高管原则上可以兼任所控股机构的董事或监事，但不能兼任所控股机构的高管。所控股机构的高管不得相互兼任。所控股金融机构不得向金融控股公司提供融资，不得向金融控股公司的股东、其他关联方提供无担保融资等。

七、宏观监管和政策要求

2023年10月，第六次中央金融工作会议在北京召开，对未来我国金融工作的具体展开做出了重要部署，为金融高质量发展提供了根本遵循。金融控股公司经营发展需要深刻把握以下九个方面的政策导向。

（一）加强党的领导，明确中央事权

在2017年及以前，我国每5年召开一次"全国金融工作会议"，从1997年以来召开过五次。2017年后时隔6年，2023年再次召开，并升格为"中央金融工作会议"。从"全国"到"中央"，充分体现了党中央对金融工作的集中统一领导。综观六次金融工作会议，加强党的集中统一领导一直是会议的主基调。未来将更加强调中国特色金融发展之路，不对标美国金融模式，从中国实际需求出发发展金融理论、开展金融实践。

（二）建设"金融强国"

中央金融工作会议首次提出建设"金融强国"。2024年1月，在省部级主要领导干部推动金融高质量发展专题研讨班上，习近平总书记强调，金融强国应当基于强大的经济基础，具有领先世界的经济实力、科技实力和综合国力，同时具备一系列关键核心金融要素，即：拥有强大的货币、强大的中央银行、强大的金融机构、强大的国际金融中心、强大的金融监管、强大的金融人才队伍。必须加快构建中国特色现代金融体系，建立健全科学稳健的金融调控体系、结构合理的金融市场体系、分工协作的金融机构体系、完备有效的金融监管体系、多样化专业性的金融产品和服务体系、自主可控安全高效的金融基础设施体系。

（三）坚持金融的人民性

坚持以人民为中心的价值取向，是中国特色金融发展之路的根本出发点和落脚点。金融行业定位为服务业，实现人民对美好生活的向往，是做好经济工作、推动金融高质量发展的出发点和落脚点。要健全多层次普惠金融机构组织体系，引导各类金融机构坚守定位、良性竞争，完善高质量普惠保险体系，提升资本市场服务普惠金融效能，有序推进数字普惠金融发展，提高金融服务的覆盖率、可得性和满意度。提升社会公众金融素养和金融能力，健全金融消费者权益保护体系，提升普惠金融法治水平。

（四）全面加强金融监管

切实提高金融监管的有效性也是我国金融领域不可逆转的趋势，要求依法将所有金融活动纳入监管，全面强化机构监管、行为监管、功能监管、穿透式监管、持续监管，消除监管空白和盲区，严格执法、敢于亮剑，严厉打击非法金融活动。机构改革后，中国金融监管部门将形成"一委一行一总局一会一局"的架构，强化了金融监管之间的统筹协调，能够更好地防范系统性金融风险。2024年5月，我国制定出台了《防范化解金融风险问责规定（试行）》，坚持严字当头，要求监管敢于较真碰硬，敢管敢严、真管真严，释放失责必问、问责必严的强烈信号，推动金融监管真正做到"长牙带刺"、有棱有角，要求将严的基调、严的措施、严的氛围在金融领域树立起来并长期坚持下去。

（五）坚持金融支持实体经济

金融是实体经济的血脉，脱离实体经济的金融独立发展会危害金融安全，必须坚持为经济社会发展提供高质量服务。特别是当前，推动高质量发展成为全党全社会的共识和自觉行动，新质生产力已经在实践中形成并展示出对高质量发展的强劲推动力、支撑力。培育和发展新质生产力，以科技创新催生新产业、新模式、新动能，需要充分发挥金融的作用，推动"科技—

产业—金融"良性循环。因此，金融机构要优化资金供给结构，把更多金融资源用于促进科技创新、先进制造、绿色发展和中小微企业。要大力发展科技金融，引导金融机构根据不同发展阶段科技型企业的不同需求，进一步优化产品、市场和服务体系，为科技型企业提供全生命周期的多元化接力式金融服务。

（六）打造现代金融机构和市场体系

中央金融工作会议指出，要做好科技金融、绿色金融、普惠金融、养老金融、数字金融五篇大文章。优化融资结构，更好发挥资本市场枢纽功能，推动股票发行注册制走深走实，发展多元化股权融资，大力提高上市公司质量，培育一流投资银行和投资机构。促进债券市场高质量发展。完善机构定位，支持国有大型金融机构做优做强，当好服务实体经济的主力军和维护金融稳定的压舱石，严格中小金融机构准入标准和监管要求，立足当地开展特色化经营，强化政策性金融机构职能定位，发挥保险业的经济减震器和社会稳定器功能。

（七）推进金融高水平开放

推进金融高水平开放是我国金融业发展的重要方向之一，将通过深化金融市场开放、推进制度型开放、提升金融服务质量和推动人民币国际化等措施，推动我国金融改革既定任务落实落地。完善准入前国民待遇加负面清单管理制度、扎实推进境外上市备案管理工作、完善中美合作审计机制、深化与香港市场合作、推动人民币国际化等重点工作，将是未来扩大金融领域开放的具体措施。同时，我国还将吸引更多外资金融机构和长期资本来华展业兴业，巩固提升上海、香港国际金融中心地位。

（八）有效防范化解金融风险

金融安全是经济平稳健康发展的重要基础。防范化解金融风险特别是防止发生系统性金融风险是金融工作的根本性任务，关乎国家长治久安，关乎中国式现代化建设全局，关乎人民群众切身利益。金融监管将切实提高有效性，依法将所有金融活动纳入监管，消除监管空白和盲区，严厉打击非法金融活动。维护金融市场稳健运行，规范金融市场发行和交易行为，合理引导预期，防范风险跨区域、跨市场、跨境传递共振。对风险早识别、早预警、早暴露、早处置，健全具有硬约束的金融风险早期纠正机制。

（九）积极培育中国特色金融文化

2024年1月，在省部级主要领导干部推动金融高质量发展专题研讨班开班式上，习近平总书记鲜明提出培育中国特色金融文化这一重大课题，指出"推动金融高质量发展、建设金融强国，要坚持法治和德治相结合，积极培育中国特色金融文化，做到：诚实守信，不逾越底线；以义取利，不唯利是图；稳健审慎，不急功近利；守正创新，不脱实向虚；依法合规，不胡作非为"。金融控股公司要将培育中国特色金融文化作为重要政治任务，与推动清廉金融文化建设工作贯通融合，与企业文化建设相结合，与品牌管理相结合，并通过全面学习贯彻中国特色金融文化，教育引导金融从业人员把文化精髓内化于心、外化于行，切实让中国特色金融文化成为从业人员的自觉遵循。

八、结语

我国对金融控股公司的监管借鉴了巴塞尔银行监管委员会、国际证监会组织、国际保险监管协会等国际监管规则，立足我国实际，明确了监管主体，建立了审慎监管框架，强化了监管的专业性、穿透性。《金融控股公司监督管理试行办法》与《商业银行股权管理暂行办法》（中国银行业监督管理委员会令2018年第1号）、《关于加强非金融企业投资金融机构监管的指导意见》（银发〔2018〕107号）等制度一起，对金融机构股东提出了更高的要求，将改变投资者投资金融机构的预期，这对于真正立足于服务实体经济发展、着眼于长期综合回报的投资者是一个实质性的利好，对于只想通过金融机构加大杠杆、套取资金、谋取短期收益的"野蛮人"是一个巨大的震慑，预期金融业将迎来一个更加稳健、更加成熟、更加有为的发展新时代。未来，金融控股公司相关配套文件和实施细则将逐步出台。2023年，国家金融监督管理总局将金融控股公司的监管制度制定，准入管理，现场检查与非现场监管，股东、实际控制人以及一致行动人、最终受益人的审查等纳入职责范畴。2024年5月，国家金融监督管理总局发布的2024年规章立法工作计划中，也包括制定《金融控股公司监督管理办法》。随着监管体系进一步完善，并表监管、资本充足率监管、风险集中度监管和关联交易监管等方面的要求更加明确，金融控股公司监管将变得更加系统和全面，将有效促进金融控股公司在依法合规的基础上稳健发展。

第二章

金融控股公司加重责任制度

在金融业高速发展的时代，对金融机构的投资普遍被认为有利可图，对金融机构股东加重责任是一种合理的筛选机制，能够形成平衡，不会对金融业发展造成影响。而在当前金融机构增速放缓，风险增多，普遍强调金融机构履行社会责任的时代，资本市场给予金融机构的估值普遍不高，破净值的金融股权屡屡出现，对金融机构的投资降温，市场更新环境不畅，金融机构建立持续资本补充机制缺少重要一环。金融控股公司作为以投资金融股权为主业的机构，承担了诸多加重责任义务，加重责任有利于维护金融行业稳定，但也在一定程度上阻碍了行业自身发展。如何在保障金融控股公司利益与加重责任之间找到新的平衡，实现稳定与发展的统一是十分值得研究的新课题。

一、金融控股公司加重责任制度的含义

全国第五次金融工作会议以来，监管部门全面清理整顿金融秩序，穿透式监管从金融机构本身延伸至金融机构股东，对股东股权流转、持股比例、股权质押、交叉持股、关联交易、资本补充等的限制不一而足，有些限制超出《公司法》的有限责任框架，突破了法人财产的独立性原则，这些超出一般商业企业股东有限责任的相关要求，即被认为是金融控股公司的加重责任。《金融控股公司监督管理试行办法》明确了我国金融控股公司的法律地

位，金融控股公司以持有金融机构股权为主要业务，对金融控股公司和金融机构的"双重监管"使得金融控股公司加重责任的范围更大。此外，银保监会、证监会等制定的《银行保险机构大股东行为监管办法（试行）》《商业银行股权管理暂行办法》《证券公司股权管理规定》《保险公司股权管理办法》等监管办法，也适用于金融控股公司对旗下金融机构的监管，这些制度中也存在对股东权益的限制，提出了资本持续补充的要求，成为金融控股公司加重责任制度的重要组成部分。

二、金融控股公司加重责任制度的现实意义

由于信息不对称普遍存在，而且金融机构具有一定的"大而不能倒"的特性，存在政府"隐性担保"，因此金融机构股东有限责任具有负外部性。在巨大利益的驱使下，金融机构经营者具有一定的盲目扩张、向外部转移风险，追求高风险、高收益的动机，金融机构经营者的风险投机性将导致风险积累，从而可能引致金融危机。金融控股公司加重责任制度是对金融机构股东责任负外部性的调节机制，对于维护金融稳定具有重要意义。

（一）保护金融消费者权益

金融机构具有一定的公共性，特别是银行类金融机构，是我国金融系统的基石，众多的储户作为金融机构的债权人，与金融机构是委托代理关系，但是一般储户显然没有能力和机制去监督金融机构的运行，只能被动接受金融机构的格式条款。为保护债权人利益，要求金融机构的经营者、受益者金融控股公司承担加重责任存在一定的正当性，可以从制度上降低委托代理成本，减少债权人监督成本，保护金融消费者权益。

（二）规避道德风险

金融机构具有极强的资金聚集能力，金融机构股东通常以利润最大化为目标。在有限责任制度下，金融机构的经营者有动机从事高风险业务，利用关联交易等进行资产转移、利益输送，其获取的收益可能远远大于承担的

风险，相当于把经营风险转移给了他人。近年来，金融出现脱实向虚、过度创新，明天系、华信系、泛海系、海航系、宝能系、当代系等通过金融机构套取资金等，就是道德风险的具体体现。要求金融机构股东承担资本维持责任、限制股东权益等，可以有效抑制股东的道德风险。

（三）分担公共资金风险

近年来，为加强系统性金融风险防控，通过市场化、法治化方式筹集资金，国家层面设立了存款保险，金融行业层面设立了证券投资者保护基金、保险保障基金、信托业保障基金等行业保障基金，有些地方层面设立了信用保障基金、风险处置基金。根据《中华人民共和国金融稳定法（草案征求意见稿）》（2022年4月发布），我国还将建立国家层面的金融稳定发展基金。这些基金作为应对重大金融风险的公共资金，目的是降低金融市场对最后贷款人中国人民银行的依赖。建立金融控股公司加重责任制度，金融控股公司股东先承担相应责任，为政府被迫救助金融机构提供了重要的资金屏障，可以有效分担公共资金的压力。

（四）预防系统性金融风险

金融控股公司是我国分业经营下推动金融业混业经营创新的有益尝试。根据中国人民银行对于金融控股公司的准入条件要求，金融控股公司具备资产规模大、控股业态多等特点，具有一定的系统重要性。金融控股公司的风险具有传染性、复杂性等特点，对于金融体系的正常运转具有重要影响。建立金融控股公司加重责任制度，提高准入门槛，有利于引导金融机构股东审慎经营，防范金融控股公司内部风险扩散、不当关联交易等风险隐患，有效预防系统性金融风险。

三、金融控股公司加重责任的主要表现

金融控股公司加重责任制度是世界各地金融监管普遍的制度性安排，美国通过《多德－弗兰克法案》、欧盟通过《银行业恢复与处置指引》法案确

立了金融控股公司加重责任制度安排，日本、俄罗斯、我国台湾地区等均通过系列立法确立了加重责任制度安排。我国金融控股公司加重责任的要求分散在金融控股公司监管以及金融机构监管相关制度及规范性文件中，具有"伞形监管"特征，构成我国金融控股公司加重责任制度体系。金融控股公司加重责任的主要表现如表2-1所示。

表2-1 金融控股公司加重责任的主要表现

序号	内容	主要表现
1	股东实力要求	要求金融控股公司及其股东实力雄厚，对资产、利润、资本比例等提出了非常高的要求。对金融机构的股权投资为自有资金，监管机构将对出资金融机构的资金进行审查，对金融机构股东资格进行持续审查
2	持续补充资本要求	金融控股公司股东要对资本补充提前做出承诺，必要时向金融控股公司补充资本，向所控股金融机构及时补充资本金。且监管机构同时规定，如果金融机构需要补充资本，而金融控股公司无法履行补充资本义务时，不得阻碍其他投资者进入
3	提前制定恢复和处置计划要求	金融控股公司提前制定为金融机构补充资本、提供流动性支持的安排，该制度进一步强化了持续补充资本要求
4	股权流通限制要求	监管机构一般要求保持金融机构股东的稳定性，对于股权交易、持股比例等做出了一定限制
5	股东权益限制要求	金融控股公司作为金融机构的股东，其股东权益的行使受到一定限制
6	自担金融机构经营剩余风险要求	目前，我国自担剩余风险制度仅针对民营银行的股东，对其他金融机构的股东暂无该安排

（一）股东实力要求

根据《金融控股公司监督管理试行办法》《商业银行股权管理暂行办法》《保险公司控股股东管理办法》《保险公司股权管理办法》《证券公司股权管理规定》等，我国不仅对金融控股公司本身，而且对金融控股公司的股东在实力方面提出了很高的要求。类似于美国《多德－弗兰克法案》的力量之源原则，要求金融控股公司及其股东实力雄厚，对资产、利润、资本比例等提出了非常高的要求。根据监管要求，对金融机构的股权投资为自有资金，监管机构将对出资金融机构的资金进行审查，对金融机构股东资格进行持续审查，不符合监管要求可能会被采取监管措施。而对于一般工商企业，选择股东时是合意自愿选择，股东实力并不为必要前提条件，资金来源合法即可。

（二）持续补充资本要求

根据《金融控股公司监督管理试行办法》第十四条，金融控股公司股东要对资本补充提前做出承诺，必要时向金融控股公司补充资本，向所控股金融机构及时补充资本金。根据《金融控股公司监督管理试行办法》第二十七条，当所控股金融机构资本不足时，金融控股公司应当及时补充资本。《银行保险机构大股东行为监管办法（试行）》等也明确规定了股东为金融机构持续补充资本的监管要求。持续补充资本要求，违背了独立法人自主决策之权益。且监管机构同时规定，如果金融机构需要补充资本，而金融控股公司无法履行补充资本义务时，不得阻碍其他投资者进入，此时金融控股公司将丧失《公司法》规定的股东对增加或者减少注册资本做出决议的权利。

（三）提前制定恢复和处置计划要求

根据《金融控股公司监督管理试行办法》第四十七条、第四十九条要求以及《银行保险机构恢复和处置计划实施暂行办法》，金融控股公司需要事前制定风险处置计划、整体恢复和处置计划，明确出现重大风险时的风险化解、债务清算和机构处置等安排。类似于美国《多德－弗兰克法案》的生前遗嘱制度，要求金融控股公司提前制定为金融机构补充资本、提供流动性支持的安排，该制度进一步强化了持续补充资本要求。且该计划要求金融控股公司确定求助资金的来源，在监管实践中，监管机构可能要求金融控股公司制定救助资金储备计划，这就可能涉及对金融控股公司股东的资金监管。

（四）股权流通限制要求

监管机构一般要求保持金融机构股东的稳定性，对于股权交易、持股比例等做出了一定限制。如一般在发起设立金融机构或成为金融机构主要股东时，要求承诺 5 年内不得转让股权。要求不得交叉持股，不得反向持股。且金融机构股权转让必须经过监管许可。笔者经历过几例金融机构股权转让，过程十分繁杂，审查涉及内容非常多，需要大量时间，影响了市场交易效率。在持股金融机构数量上，监管机构对银行和证券公司有"两参一控"要求，对非银行金融机构和保险机构有"一参一控"要求，且对持股比例设置了上限。对于一般工商企业，股权转让采取合意原则，一般可以自由转让。

（五）股东权益限制要求

金融控股公司作为金融机构的股东，其股东权益的行使受到一定限制。一是内部交易存在限制。根据中国人民银行发布的《金融控股公司关联交易管理办法》（中国人民银行令〔2023〕第 1 号），我国形成了金融控股公司内部交易严格监管体系。二是股权质押存在限制。一般要求质押金融机构股权不得超过 50%，超过 50% 时不得在董事会、股东会上行使表决权。三是实业投资存在限制。金融控股公司不得投资实业，投资金融业务相关的机构时，投资总额账面价值原则上不得超过金融控股公司净资产的 15%。四是不得干涉金融机构的日常经营。要求保持金融机构的高度独立性，一般企业集团的集团管控措施难以完全用于对金融机构的管理。对于一般工商企业而言，内部交易可以节约交易成本，这是企业集团产生的重要理论支持，而金融控股公司内部交易的限制很多，交易条件不得优于第三方。

（六）自担金融机构经营剩余风险要求

目前，我国自担剩余风险制度仅针对民营银行的股东，对其他金融机构的股东暂无该安排。《关于促进民营银行发展的指导意见》（国办发〔2015〕49 号）明确了民间资本发起设立民营银行的五项原则，其中第一条就是发起设立民营银行时要有承担剩余风险的制度安排，即如果出现破产清算局面，而民营银行净资产又不足以偿付存款人的全部存款之时，发起人自愿承诺对存款人的存款给予赔付，防止风险外溢。自担剩余风险制度超出《公司法》《企业破产法》《民法典》关于公司法人财产具有独立性之规定，若按照股东有限责任要求，股东无须为子公司的剩余风险承担责任。

四、金融控股公司加重责任的现实困境

近年来，金融机构普遍分红水平不高、股权转让存在限制、资本溢价不高，对金融控股公司加重责任的制度安排，可能会降低金融控股公司的竞争能力。金融控股公司加重责任制度有利于维护金融稳定，特别是其所控股金融机构的稳定，但金融控股公司作为独立法人，也存在持续经营压力。市场主体承担加重责任存在一定的现实困境。

（一）影响投资者积极性，持续资本补充缺少重要一环

从理性经济人的角度，投资者股权投资的目的主要在于获取分红收益、股权增值溢价收益以及节约交易成本等方面。由于加重责任制度安排，股东利益至上原则在金融机构的经营中就会受到一定挑战，以上三个方面的投资目的都会受到限制，从而影响投资者对金融机构的投资热情。目前，金融业增速放缓，风险增加，以银行为代表的金融机构股价估值不高，众多上市金融机构的市净率低于1，大量金融股权折价被拍卖也无人问津，一些金融机构通过市场化方式难以找到适格战略投资者。《巴塞尔协议》等对金融机构的资本充足性提出了明确要求，金融机构经营的主要是资本消耗性业务，金融控股公司和其控股的金融机构都需要持续补充资本才能发展壮大。单纯依靠金融机构自身积累，不能很好地满足资本补充要求，只有保持投资金融机构"有利可图"，投资者才可能持续向金融机构投入资本。

（二）避开申请金融控股公司牌照的动机更强，可能导致一些金融集团规避监管

《金融控股公司监督管理试行办法》要求符合金融控股公司准入条件的必须申请牌照，否则将面临转让金融机构股权的监管整改措施。但是在现实经营中，由于对"控股"存在灵活判定空间，众多金融投资集团持有两个类型以上的金融机构牌照，介于符合与不符合金融控股公司准入条件之间，通

过采取一定的资产调整措施满足并表条件等可能就符合准入条件。如果申请金融控股公司牌照不能带来竞争优势，反而会受到严格监管，那么会导致一些可能符合金融控股公司要求的企业集团采取措施不申请金融控股公司牌照，规避持牌经营的严格监管，以获得一些竞争上的灵活优势。《金融控股公司监督管理试行办法》于2019年7月征求意见，2020年9月正式发布，截至2024年6月，近4年来仅公告有5家金融集团申报金融控股公司，正式获批的仅3家，大量具有申报资格的金融集团可能并没有申请积极性。如果金融控股公司数量过少，将在一定程度上造成监管力量的浪费。

（三）金融控股公司及旗下金融机构都作为持牌金融机构，面临"双重监管"

金融控股公司作为一类重要的金融牌照，实行准入管理，由国家金融监督管理总局负责监管。金融控股公司在资本充足率、关联交易、流动性、干部队伍等方面面临一系列现场监管和非现场监管，强监管必然有利于规范金融控股公司的发展，但无疑也导致金融控股公司面临较高的合规成本。金融控股公司采取财务并表、风险并表等方式管理，对金融控股公司监管必然穿透到其控股的金融机构，"伞形监管"使得金融机构面临多方面、多口径的监管，加重了对金融机构的监管责任。且有可能存在旗下金融机构符合监管指标，而金融控股公司并表指标不符合监管要求的情形。

（四）与《公司法》等的规定存在一定差异，法律位阶不够，导致执行上面临障碍

《金融控股公司监督管理试行办法》在我国的法律位阶中属于部门规章，法律位阶低于属于普通法律的《公司法》《企业破产法》《民法典》等。股东实力要求、股权流通限制要求、持续补充资本要求、股东权益限制要求等违背了《公司法》规定的独立法人决策独立、财产独立之权益；提前制定恢复和处置计划、自担剩余风险等要求有异于《企业破产法》的资产分割安排；金融控股公司承担旗下金融机构的债务构成单方面财产转移，符合《民法典》合同撤销权规定情形，在司法诉讼实践中可能造成一定影响。因此，金

融控股公司加重责任制度的基本法律基础需进一步加强。对问题金融机构的救助、持续补充资本、限制股东权益等，从理性经济人的角度来看并不符合金融控股公司的利益，强制要求金融控股公司承担义务缺乏足够的法律基础，可能导致执行上面临障碍。

（五）股东责任分摊存在一定的不公平性，面临较高的市场交易成本

金融控股公司向旗下非全资金融机构注资或提供流动性支持时，面临股权估值、股东责任分摊等问题，且危机强制救助机制与股东责任平等机制存在冲突，面临很高的协商成本。《金融控股公司监督管理试行办法》规定，金融机构需要补充资本时，不履行出资义务的股东，不得阻碍其他资本进入，这相当于让金融控股公司获得一定意义上的定向增发权，这一权利可能被滥用，而损害其他股东的权益。金融控股公司向金融机构注资也面临与金融机构管理层的协商，如果协议无法达成，也将影响救助机制的实施。加重责任不仅适用于金融控股公司，而且穿透至金融控股公司股东，而金融控股公司外部股东构成可能较为复杂，区分有责任股东和无责任股东存在现实难题，责任追究存在一定的不公平性，面临困难。在公众上市公司中，加重责任制度安排面对众多的投资者如何实现也是难题之一。

（六）可能导致金融股权向国有企业转移，不利于形成金融行业多种所有制共存的格局

根据《金融控股公司监督管理试行办法》，金融控股公司经营一般限于金融机构股权投资，没有其他经营活动，要求金融控股公司仅投资于金融及金融相关的行业，这会导致风险过于集中，不利于分散投资风险。在金融控股公司盈利模式不明确，要求承担大量社会责任的情况下，金融控股公司对民营投资者缺乏足够的吸引力，而国有企业基于政府对金融资源的调控、声誉形象、招商引资等具有一定的投资动机，从而导致金融控股公司向国有企业集中。另外，在对金融控股公司股东的审查方面，国有企业比民营企业具有更低的信任成本，目前已经审批成立的3家金融控股公司均为国有背景。综观近年来我国金融机构股权的转移，方正系、海航系、安邦系、明天系、

中国华融系等金融资产的受让方基本为国有企业。金融资产向国有企业集中的趋势，与我国市场化改革的大方向不一致，不利于形成良好的竞争机制。

五、探索赋予金融控股公司一定的制度优势和业务功能

监管部门在就《金融控股公司监督管理试行办法》的发布答记者问时表示，设立金融控股公司的目的在于实现金融稳定。金融控股公司加重责任制度可能降低对金融机构投资的积极性，不利于金融控股公司的长远发展。在经营实践中，可以探索赋予金融控股公司一定的制度优势和业务功能，让金融控股公司产生自我造血能力，从而与加重责任的制度安排形成一种新的平衡。

（一）增强我国金融控股公司制度优势的建议

根据监管精神，金融控股公司的主业为投资金融机构，因此可以为金融控股公司投资金融机构提供一定的便利，降低交易成本，提高投资效率。

一是投资金融机构时免于监管机构对股东资质的审查。金融控股公司的核心主业即金融股权投资，批准设立金融控股公司意味着对其能力已经进行了认可。金融控股公司在投资金融机构时，只要金融控股公司投资后满足相关监管指标，即可免除股东资格审查，从而有利于提高金融机构的股权转让效率。

二是新设金融机构免于出资人资格审查。发起设立新的金融机构时，监管机构对于股东资格的要求较高，按照现行准入标准，持牌金融控股公司也不一定符合某些准入标准。例如，对于净资产占总资产的比例，发起不同的金融机构有不同的要求，一般要求不低于40%或30%。金融控股公司作为并表金融机构的母公司，由于金融机构的高杠杆特性，可能会导致金融控股公司具有较高的资产负债率，从而不满足金融机构的股东资质要求。给予金融控股公司新筹建金融机构的制度优势，有利于金融控股公司完善综合金融布局，也符合监管机构设立金融控股公司的初衷。

三是免除金融机构监管机构股东穿透的监管要求。在中国证监会等对金融机构的监管中，每年都需要对大股东的资质进行持续审查，相关监管要求会穿透到股东。由于金融控股公司受到中国人民银行的严格监管，为避免监管重叠，建议做出相应调整。

四是明确履行加重责任的救助义务后享有股权、流动性支持收益权。金融控股公司履行救助义务的本质是承担经营风险，无偿的权益转让不能持续，需要提供一定的利益奖励机制，等到救助的金融机构正常运营后在股权收益分红、股权激励等方面予以优先考虑，实现收益与风险的平衡。

五是监管评级上给予适当提高。由于金融控股公司实力雄厚，并且需要对旗下金融机构持续补充资本、提供流动性支持等，所以可以给予金融控股公司旗下金融机构更好的监管评级，使其获得更好的品牌声誉。

（二）赋予金融控股公司特色业务功能的建议

目前金融控股公司基本没有业务功能，从已经批准设立的金融控股公司来看，北京金控的业务范围为"金融控股公司业务"，中信金控的业务范围为"企业总部管理""金融控股公司业务"，招商局金控批准的业务为"金融控股公司业务"，这些业务本身难以成为利润创造中心，缺乏持续发展机制。因此，建议结合金融控股公司金融综合经营的特点，赋予金融相关业务功能。

一是办理体系内存款、贷款、结算、担保、贴现等金融业务。该项业务功能相当于赋予金融控股公司财务公司的基本职能，为金融控股公司体系内金融机构提供金融支持服务，提高体系内资金运转效率。

二是向中国人民银行申请再贷款。金融控股公司作为持牌金融机构，应该享有持牌金融机构的基本权益，应允许金融控股公司向中国人民银行申请再贷款，以获取低成本资金，为金融控股公司提供补充资金来源渠道。

三是允许金融控股公司加入银行间拆借市场。金融控股公司需要为其旗下金融机构提供流动性支持，其自身也面临流动性压力，加入同业拆借市场可以为金融控股公司提供更好的流动性支持。

四是允许金融控股公司发行、买卖金融债券。在银行间债券市场依法发行金融债券，有利于金融控股公司拓宽融资渠道，提高资产负债管理能力，同时丰富银行间债券市场品种，提高市场活力。

五是允许金融控股公司销售旗下金融机构的金融产品。《金融控股公司监督管理试行办法》规定，金融控股公司系统内可以开展业务协同，共享客户信息、销售团队、信息平台等。为更好地发挥金融控股公司的综合经营优势，探索我国特色混业经营模式，建议允许金融控股公司建立统一的产品销售平台，开展金融控股公司体系内的金融产品销售。

六是允许金融控股公司从事投资咨询、财务顾问等业务。金融控股公司具有丰富的金融行业经验，可以从事金融行业研究工作，发布投研报告，提升金融专业化水平。可以为一般企业提供财务顾问服务，助其降低财务成本，开展资本运作。

七是允许金融控股公司进行集合资产证券化。金融控股公司可以整合旗下不同金融机构的沉淀资产，形成具有稳定现金流量的特色资产包，以预期现金收益权为基础形成特色证券化资产，提高金融控股公司体系内资产的流动性。

（三）完善金融控股公司业务监管机制的建议

一是以专门法的形式明确金融控股公司的加重责任要求。目前我国正在就《金融稳定法》征求意见，可以在《金融稳定法》中列入金融控股公司承担加重责任的法律要求。由于专门法的效力优于普通法，可以避免金融控股公司加重责任制度与《公司法》《企业破产法》《民法典》等法律相冲突。

二是明确加重责任的承担条件。目前《金融控股公司监督管理试行办法》《银行保险机构大股东行为监管办法（试行）》对加重责任的实施条件并不明确，"必要时"的规定过于宽泛。建议从金融控股公司或其控股金融机构的资本充足率、流动性等指标上提出标准，明确加重责任的实施条件。

三是明确金融控股公司承担加重责任的法律程序。国家金融监督管理总局、中国证监会对金融机构的监管中均有股东承担加重责任的要求，需要明确加重责任的请求权人范围、加重责任的认定机构,明确加重责任与存款保险、金融稳定基金、行业保障基金等救助资金的使用顺序。金融控股公司加重责任的认定机构可以设置为中国人民银行,中国人民银行应请求人的要求,评定是否符合承担加重责任的规定,划定加重责任的范围和具体义务。

四是加强监管的沟通协作。强化金融稳定发展委员会、中国人民银行、国家金融监督管理总局、中国证监会及地方政府对金融控股公司监管的分工协作,加强监管信息共享,消除监管盲区,完善监管协调配合机制,减少对金融控股公司的"双重监管",降低监管成本。

(四)建立金融控股公司加重责任豁免机制的建议

过度强调加重责任必然会吓退一些愿意投资金融控股公司的投资者,不利于良好投资环境的建立,因此需要建立一定的救济措施,让尽职者免责、无额外利益者免除额外责任。

一是免除金融控股公司小股东穿透式加重责任。小股东在金融控股公司的经营中无实际话语权和重大影响力,对金融机构的经营风险没有实际责任,若金融控股公司旗下金融机构出现风险问题,小股东也是受害者,要求小股东同样承担加重责任有违公平原则。

二是规定金融控股公司尽职豁免原则。金融机构的经营风险来源是多方面的,有金融机构本身的原因,有市场原因,也有股东违规干涉经营的原因。如果金融控股公司能够充分举证充分履行了股东职责,对金融机构风险的产生不负有实际责任,则应该考虑免除对金融控股公司的加重责任要求。

三是明确金融控股公司承担加重责任的限额。金融控股公司为旗下金融机构提供资本补充、流动性支持应有一定限度,应该建立一套与金融控股公司收益、对金融机构的出资、金融控股公司责任等指标相关的灵活额度评估体系,如美国一度采取了双倍加重责任制度,避免单个金融机构的风险影响整个金融控股公司的稳定。

六、结语

在股东有限责任的基本逻辑下,鉴于金融控股公司及其控股的金融机构具有一定的风险外部性,所以建立金融控股公司加重责任制度,以规避道德风险、分担公共资金压力、保护消费者权益。我国《金融控股公司监督管理试行办法》等系列法律规定构成了我国金融控股公司加重责任制度体系,对于维护金融稳定发展具有重要意义。但金融控股公司本身也是市场经营主体,也需要追求利润目标,建议从维护市场主体平等地位的角度出发,结合金融控股公司自身的特点,探索赋予金融控股公司在监管评级、金融机构设立和并购等方面一定的制度优势,赋予金融控股公司经营体系内资金存贷业务、向中央银行申请再贷款、发行金融债券、加入同业拆借市场、销售旗下金融机构金融产品等经营职能,在"堵后门"的同时"开前门",使得金融控股公司本身能够实现经营增值,促进金融控股公司良性健康发展。

第三章

申请设立金融控股公司的战略考量

查询国家企业信用信息公示系统可知，截至2024年6月，我国企业字号中含有"金融控股"字样的企业有8000多家。根据《金融控股公司监督管理试行办法》，大量企业需要整改，要么推动满足金融控股公司的监管要求，实现持牌经营；要么主动将资产降至金融控股公司指标要求以下，完成更名，重新确定经营方向。申请金融控股公司牌照能否为企业经营带来利益，商业模式是否成立，成为重要的战略考量。

一、"准"金控平台的特征

《金融控股公司监督管理试行办法》实施前，金融控股公司缺乏明确的定义，整个行业处于"自然生长"阶段，在一定的历史时期满足了市场的综合金融需求，提升了服务实体经济的能力，促进了金融市场的繁荣，但也不可避免地带来了一些问题。这些"准"金控平台呈现出以下三个特征。

（一）投资者多元化

《金融控股公司监督管理试行办法》实施前，实质上形成了央企金控、地方金控、民营金控、集团金控、互联网金控等多种类型的金融集团，导致股东实力与风险承担能力和资本补充能力不匹配。

（二）业务多元化

《金融控股公司监督管理试行办法》实施前，大部分金融集团不仅经营金融业务，也经营类金融业务和实业，导致难以建立一套统一的风险并表监管标准，普遍存在母公司杠杆偏高、整个公司资本不足、风险较大的弱点。

（三）运营模式多元化

《金融控股公司监督管理试行办法》实施前，这些金融集团经营导向各异，有的立足服务国家战略，有的聚焦做大区域金融产业，有的谋求产融结合，有的寻求产业转型，有的觊觎杠杆资金，导致一定的风险交叉感染，复杂程度较高。

二、持牌金融控股公司的特点

随着《金融控股公司监督管理试行办法》的深入实施，市场环境进一步规范，金融控股公司将进一步向综合实力强劲、投资动机明确、治理结构清晰的投资者倾斜，旗下金融机构的风险防控能力、协同发展能力、品牌声誉优势等将进一步提升，金融行业的集中度将进一步提高，预期将会出现一批具有国际竞争力的金融控股公司，强者恒强趋势将更加明显。与其他银行、证券、保险等金融牌照相比，金融控股公司是比较特殊的一类金融牌照。总结起来，符合监管要求的金融控股公司具有以下特点。

（一）治理结构简单

资产中以持有的金融机构股权为主，非金融机构资产占比不超过15%。法人层级简单，一般不超过三级，一般不存在反向持股、交叉持股，金融控股公司所控股金融机构不得再成为其他类型金融机构的主要股东。并且《金融控股公司监督管理试行办法》对金融控股公司的股东也提出了明确要求，要求进行穿透式管理。

（二）业务相对纯粹

我国监管政策旨在打造"纯粹型"金融控股公司，将金融控股公司本身作为一个管理总部。《金融控股公司监督管理试行办法》开宗明义指出，金融控股公司仅开展股权投资管理，不直接从事商业性经营活动，公司没有货币资金融通的金融业务。当然,这个"纯粹"是指金融控股公司本身比较纯粹,本身没有对外业务运营,但金融控股公司整体业务多元,子公司采取分业经营模式,开展跨机构、跨市场、跨行业、跨区域经营,整体业务很复杂。

(三)经营规模较大

《金融控股公司监督管理试行办法》对金融控股公司实收资本、净资产占比、权益性投资余额、控股金融资产规模或受托管理资产规模等做出了明确的要求,符合准入门槛的金融控股公司的实力均不容小视,其经营规模大、经营业务多,在金融行业中具有重要影响力,具有一定的系统重要性。

(四)风险交叉传递

由于金融控股公司体系内产权关系、业务关系、声誉关联、救助责任等的存在,金融风险容易在金融控股公司体系内传导,一旦某个机构出现严重风险,就很容易传导至其他机构。同时,由于金融控股公司的规模较大,金融控股公司的风险也可能向外传递,导致区域性金融风险。

(五)监管较为严格

根据我国的监管政策,金融控股公司在股东、高管、业务、风险、管理和财务指标等方面均受到监管,数据报送、监管检查、监管评级等均需大量人力物力。另外需注意的是,由于金融机构监管的穿透性要求,对金融机构的大量监管要求会延伸至金融机构股东,也就是说,金融控股公司同时须接受国家金融监督管理总局、中国证监会的监管,存在"双重监管"问题。

三、设立金融控股公司的主观动力分析

监管当局关注金融控股公司的规范发展和风险防控,但市场化企业的经营还是以盈利为核心,金融控股公司的经营管理人员更加关注金融控股公司的商业模式,设立金融控股公司是否能够带来实际利益。因此,理解申请金融控股公司牌照的动力具有重要意义。

（一）协同提供金融服务

协同创新是金融控股公司最为显著的业务优势，有利于发挥规模经济和范围经济效应。随着经济的发展，对多元化金融产品和服务的需求将不断增加。金融控股公司的综合金融业务，能够保障消费者在金融控股公司体系内满足不同层次的金融需求，有利于改善客户体验，提高客户黏性，降低获客成本。

（二）节约交易成本

金融控股公司内部相互提供服务，由于内部信息相对对称，能够降低商业风险，有效减少交易成本。金融控股公司体系内资源共享、一体化对外采购等也有利于发挥规模经济效应，降低企业经营成本。

（三）专注金融行业投资

金融行业作为现代经济的血液，近年来获得了长足发展，一直是资本重点关注的行业。设立金融控股公司能够更加有利于在金融行业的投资，申请新机构、市场并购等行为可能更加被市场认可，形成金融行业专业化、综合化的经营优势。金融控股公司控股的金融机构自身具有一定的独立性，具有较大的经营动力，能够有针对性地为自身建立管理层长期培养计划。

（四）获得品牌声誉加持

由于我国金融机构的特殊性，"大而不能倒"等问题在一定程度上存在，纳入监管也意味着监管"背书"，持续的监管检查相当于一定程度的信用"筛选"，从而能够得到公众更大的信任。设立金融控股公司能够提高企业的品牌声誉，更加有利于金融业务的开展。

（五）资本多元化配置

银行、证券、保险等不同类型的金融资产具有不同的风险特性和收益特性，金融控股公司在金融领域进行多元化投资，可以降低对经济周期和金融政策的敏感性，提高风险抵御能力，实现组合经营，降低经营风险。金融控股公司可以通过充分利用其资本优势进行并购整合，进一步扩大规模和市场份额，提高市场竞争力。

（六）聚集金融资源

地方政府组建地方金融控股公司的动力之一就是整合聚集地方金融资源，推动金融产业专业化，以市场的力量"招商"，发展金融总部经济，提高服务实体经济的能力，促进区域经济发展和区域金融中心建设。

（七）实现资本有效扩张

在金融控股公司模式下，母公司把自己拥有的资本作为控股资本投给下属子公司，由于不需要100%控股，而只需要超过半数甚至不必超过半数即可达到控制子公司的目的，在这样的杠杆运作下，母公司的资本可实现迅速扩充。

（八）实现投资风险隔离

金融控股公司作为母公司与其控股的机构都是独立法人，各自具备独立的法律地位。由于资产、负债、人力资源等彼此界定清晰，因此成员内部的风险不易传播。并且理论上金融控股公司作为母公司仅以其出资额为限对子公司的债务清偿及破产危机负有限责任，这样的制度安排比较好地解决了内部随意调动资金及风险无度传播的问题，相对完备的"防火墙"设置也避免了不同部门之间的利益冲突，能较好地防范多元化经营产生的道德风险。即使一家子公司出现经营危机，其他子公司还可照常经营，无须以自身的资金去承担责任，从而有利于保障其自身的资金安全。

四、设立金融控股公司的竞争劣势分析

新组建的国家金融监督管理总局强化了机构监管、行为监管、功能监管、穿透式监管、持续监管，这些监管方式有效解决了金融控股公司跨行业、跨机构、多层级、多业态等监管难题，监管政策预计将加速完善。设立金融控股公司意味着面临更为严格的监管、更高的管理要求、更加透明的治理机制、更严格的关联交易限制，对金融控股公司有加重责任要求。因此，金融控股公司的竞争劣势是经营管理人员和监管政策制定者必须正视的问题。

（一）关联交易限制

中国人民银行发布的《金融控股公司关联交易管理办法》自 2023 年 3 月开始实施，办法对金融控股公司关联交易做出了一系列限制性、禁止性规定，对关联交易审查、报告、披露、审计、问责等提出了明确要求，通过违规关联交易获得内部超额收益将受到监管的严重处罚。

（二）股东权益限制

金融控股公司的资金来源、股权流转、持有金融机构股权比例、股权质押、交叉持股等受到一定限制，要求金融控股公司持续为旗下金融机构补充资本，提前为金融机构制定恢复和处置计划，这些要求对股东权益行使造成一定的限制。

（三）资本杠杆限制

金融控股公司需要进行会计、资本和风险并表管理，其资本要与资产规模和风险水平相适应，满足资本充足性要求。金融控股公司大多从事的是资本消耗性业务，其资本扩张受到一定限制。金融控股公司要建立持续的资本补充机制，资本储备要求较高。

（四）投资行为限制

根据《金融控股公司监督管理试行办法》，金融控股公司的投资范围限于投资金融资产，投资与金融相关的非金融资产的比例不得超过净资产的 15%，具有十分严格的"产融隔离"特性。此外，金融控股公司提高或降低对金融机构的投资都需要经过监管审查，审查周期较长。

（五）合规成本较高

金融控股公司面临更高的信息披露、信息系统、管理规范要求，这些合规成本包括：聘请律师、安全技术专家和审计师等外部顾问的成本，为应对外部监管的人员成本，建立符合监管要求的科技信息系统的成本，满足监管资本要求的各项资金成本。

（六）集团管控限制

金融控股公司的董、监、高等高级管理人员需符合任职资格要求，进行备案管理，高管兼职等受到限制。且由于监管要求金融机构保持高度的独立性，金融控股公司不得干涉金融机构的日常经营，金融控股公司更加接近于财务投资型机构，与一般企业集团管理型总部在管理权限上存在差异，集团管控工具的使用有一定限制。

归纳起来，设立金融控股公司的优劣势如表 3-1 所示。

表 3-1 设立金融控股公司的优劣势分析

优劣势	项目	具体内容
设立金融控股公司的战略价值	协同提供金融服务	综合金融业务能够保障消费者在金融控股公司体系内满足不同层次的金融需求，有利于改善客户体验，提高客户黏性，降低获客成本
	节约交易成本	金融控股公司内部相互提供服务，由于内部信息相对对称，能够降低商业风险，有效减少交易成本
	专注金融行业投资	设立金融控股公司能够更加有利于在金融行业的投资，申请新机构、市场并购等行为可能更加被市场认可，形成金融行业专业化、综合化的经营优势
	获得品牌声誉加持	设立金融控股公司能够提高企业的品牌声誉，得到公众更大的信任，更加有利于金融业务的开展
	资本多元化配置	银行、证券、保险等不同类型的金融资产具有不同的风险特性和收益特性，金融控股公司在金融领域进行多元化投资，可以降低对经济周期和金融政策的敏感性，提高风险抵御能力，实现组合经营，降低经营风险
	聚集金融资源	发展金融总部经济，以金融控股公司的组织形式引导聚集资金，提高服务实体经济的能力
	实现资本有效扩张	金融控股公司作为母公司可以将控股金融机构列入合并报表，合并少数股东权益，扩大控制的金融资源
	实现投资风险隔离	金融控股公司作为母公司与其控股的机构都是独立法人，各自具备独立的法律地位。由于资产、负债、人力资源等彼此界定清晰，因此成员内部的风险不易传播

续表

优劣势	项目	具体内容
设立金融控股公司的竞争劣势	关联交易限制	监管严格限制金融控股公司的关联交易行为,对其关联交易有限制性、禁止性规定,对关联交易审查、报告、披露、审计、问责等提出了明确要求
	股东权益限制	金融控股公司的资金来源、股权流转、持有金融机构股权比例、股权质押、交叉持股等受到一定限制
	资本杠杆限制	金融控股公司需要进行会计、资本和风险并表管理,其资本要与资产规模和风险水平相适应,满足资本充足性要求
	投资行为限制	金融控股公司的投资范围限于投资金融资产,投资与金融相关的非金融资产的比例不得超过净资产的15%,具有"产融隔离"特性
	合规成本较高	金融控股公司面临更高的信息披露、信息系统、管理规范要求
	集团管控限制	金融控股公司不得干涉金融机构的日常经营,金融控股公司更加接近于财务投资型机构,与一般企业集团管理型总部在管理权限上存在差异,集团管控工具的使用有一定限制

五、推动金融控股公司持续发展的基本条件

金融控股公司作为市场化主体,要保持持续经营、基业长青,必须有切实可行的商业模式,有合理的盈利模式。同时,必须保障金融控股公司的生存发展空间,为现有大量的金融集团找到出路,鼓励金融集团申报金融控股公司,克服"一放就乱、一管就死"的问题。

（一）良好的盈利能力

金融控股公司作为一个商业企业,必须遵循商业逻辑,具有良好的盈利能力,这样才能持续发展。按照现有金融控股公司的模式,金融控股公司的盈利来源主要是金融机构的利润分红和金融机构的股权投资增值。然而,金

融机构本身经营资本消耗较大，我国金融机构的分红比例普遍不高，分红收益往往不能覆盖资金成本。股权投资收益在退出时才有现金流体现，但金融机构的股权转让存在限制。

（二）持续补充资本

从本质上讲，资本补充来源于原股东或新股东的注资，或自身的经营积累。《金融控股公司监督管理试行办法》要求金融控股公司对旗下金融机构做出资本维持承诺，当金融机构资本不足时，金融控股公司需要为其补充资本，这也意味着金融控股公司需要向金融机构进行持续的资金注入。金融控股公司的资本补充来源多样，包括发行资本债、内部利润积累、老股东增资、新股东注资，但本质上还是依赖股东投入，所以必须保持金融控股公司本身对资本的吸引力，只有有利可图才能够有资本持续注入。

（三）强化风险隔离

由于经济的周期性、行业的政策性，为避免风险交叉感染，金融控股公司需建立风险隔离机制，包括金融控股公司与其所控股金融机构之间、其所控股金融机构之间的风险隔离制度，强化法人、人事、信息、财务和关联交易等"防火墙"，对集团内部的交叉任职、业务往来、信息共享等行为进行合理隔离，规范关联交易行为，在遵循商业化、市场化原则开展内部合作的基础上，提高内部收益，有效防控风险交叉感染。

六、符合设立金融控股公司条件的金融集团的可能选择

《金融控股公司监督管理试行办法》对合格金融控股公司的资产结构、公司治理、股权构架等提出了较高的要求，大量金融集团符合持有两个类型以上金融机构的金融控股公司基本特性，但需要经过调整才能申报金融控股公司。本章仅讨论符合设立金融控股公司条件的金融集团的可能选择。

（一）申请金融控股公司牌照

观察我国现有大量符合设立金融控股公司条件的金融集团可知，其申请

金融控股公司牌照均需进行大量的股权调整、层级清理、实业资产转让并增加实收资本等。例如：中信集团采取新设中信金融控股公司持有旗下金融资产的方式申报持牌；招商局集团将旗下金融持股平台转设为金融控股公司。光大集团尝试整体设立金融控股公司，截至2024年6月还未获得监管批准；蚂蚁集团在招股说明书中表示以旗下子公司浙江融信为主体持有金融牌照子公司的股权，并申请设立金融控股公司，截至2024年6月，还未获得监管受理。

（二）降低控股金融资产规模

符合设立金融控股公司条件的金融集团如不申请持牌，根据监管要求，需转移对金融机构的实际控制权或全部转让金融机构股权，即采取主动措施降低控股金融资产规模至不符合设立金融控股公司的条件。但如果大量金融集团转让金融机构股权，可能对金融市场造成一定的不利影响。

（三）隐匿控股金融资产规模

根据我国会计准则等的规定，在持股少于50%的情况下，对控股的判定具有一定的灵活性。另外，监管对管理资产规模的概念界定存在不足。如果纳入监管获得的实际利益不足，那么一些金融集团就具有逃避监管的充分动机，会采取监管套利行为，从而不利于市场公平竞争。

七、申请设立金融控股公司需要准备的事项

申请设立金融控股公司是一个系统工程，需要对照相关管理制度，做大量解释说明工作。在实际经营环境中，大量的金融集团不可能完全符合金融控股公司的准入标准，需要与监管部门进行大量沟通。因此，需要在金融集团层面成立高级别的筹备组，协调整体资源，推动金融控股公司的筹建。

（一）符合准入条件的说明

一是符合基础条件的说明。包括基本情况、投资金融机构情况说明，重点说明实际控制两个或两个以上不同类型的金融机构，以及金融资产占并表总资产的比例。二是符合基本金融资产指标要求的说明。说明符合控股金融

机构总资产超 5000 亿元、控股除银行外金融机构总资产超 1000 亿元、受托管理资产规模超 5000 亿元三个条件任意之一。同时，说明投资设立金融控股公司的目的。三是符合基本财务指标要求的证明。实缴注册资本额不低于 50 亿元人民币，且不低于直接所控股金融机构注册资本总和的 50%。主要股东应当最近两个会计年度连续盈利。成为控股股东或实际控制人的，应当最近三个会计年度连续盈利，年终分配后净资产达到总资产的 40%，权益性投资余额不超过净资产的 40%。

（二）相关经营管理机制

包括章程草案、经营方针和计划、组织架构和管理模式、基本管理制度（需包含关联交易制度和反洗钱制度）、资本补充计划、经营场所使用权证明、金融安全防护证明、市场监督管理部门名称登记相关文书（名称预核准）等。

（三）股东及治理相关说明

包括股东同意设立金融控股公司的决议文件，股东出资情况说明及法定验资机构出具的验资证明，股权结构说明及股权结构图，发起人或股东、实际控制人情况说明，股东实质控制金融机构或作为主要股东持股金融机构情况说明，拟任职的董事、监事和高级管理人员的任职条件证明材料，同时相关股东、高管需要按照规定格式提交相关申明和承诺。

八、推动金融控股公司健康发展的建议

目前，资本市场上金融资产估值普遍不高，跌破净值的金融股众多。金融控股公司以金融股权投资为主业，将其纳入监管并提出加重责任要求，本意是促进金融控股公司规范发展，形成一个有一定企业数量规模的健康行业，而不是让现有满足金融控股公司监管标准要求的一些金融集团逐渐出清。那么，这就需要给予金融控股公司特有的优势，使金融控股公司拥有能够健康发展的战略业态。

（一）适当给予金融控股公司金融业务经营权

应关注金融控股公司的长期发展路径，在赋予金融控股公司牌照的同时赋予金融控股公司自我发展的体制机制，使其在依靠金融机构股权增值和分红以外，获得其他收益渠道。建议允许金融控股公司向中央银行申请再贷款、进入银行间拆借市场、发行金融债券、销售旗下金融机构金融产品等，使金融控股公司能够依靠自身的业务创造收益，以更好地为旗下金融机构提供支持，实现良性循环。

（二）适度放松金融控股公司监管要求

金融风险来自金融控股公司旗下金融机构的业务经营，不管是行为监管还是功能监管，监管重心都应该放在金融行为本身上，对持有金融机构股权的金融控股公司过度监督会造成监管资源的浪费。对金融机构的监管重点建议放在关联交易、内部协同、资本充足、监管套利等防止利益输送方面，不断明确监管要求，避免"双重监管"，减少金融控股公司的合规成本。

（三）适当降低金融控股公司准入指标要求

当前金融控股公司的核心指标要求主要有三条，一是控股金融机构总资产超5000亿元，二是控股除银行外金融机构总资产超1000亿元，三是受托管理资产规模超5000亿元，满足任一指标即要求设立金融控股公司，此外财务指标还包括实收资本、连续盈利等。大量满足"控股或实际控制两个或两个以上不同类型金融机构"的持牌基本内核要求，但不符合指标要求的金融集团游离于监管之外，而这些金融集团也具有很大的影响力。建议适当降低金融控股公司的准入指标要求，按照实质重于形式的原则，以金融集团实质业态为标准，控股两个或两个类型以上金融机构即需要申请金融控股公司牌照，防止金融集团监管套利。

（四）明确金融控股公司承担责任的豁免机制

金融控股公司作为金融机构的出资方以及独立法人，在我国《公司法》框架下，承担责任时主要还是应该遵循股东有限责任，以出资额为限。承担加重责任的特殊情形应该更加明确，限定在金融控股公司对旗下金融机构的损失具有直接责任的情况下，扩大无限责任会导致金融控股公司体系内的风险关联度更高，更加不利于稳定。应该认识到只有享有充分的股东权益才能激发股东的投资热情。

九、结语

为应对国际金融综合化经营的浪潮，在我国分业监管的大框架下，确立了金融控股公司形式的金融综合经营模式。为防范系统性金融风险，防止不当利益输送，规范金融控股公司发展，提升服务实体经济能力，我国对金融控股公司提出了较高的监管要求，明确金融控股公司需持牌经营。目前，我国有大量金融集团处于金融控股公司指标要求边缘，随着《金融控股公司监督管理试行办法》规定的过渡期已到，金融集团必须在"进"或"退"之间做出选择，要么调整结构申请金融控股公司牌照，要么转让相关金融机构资产，放弃综合金融经营。监管的本意肯定是规范行业的发展，而不是让大量金融集团退出。本章站在金融控股公司从业人员的角度，研究经营者设立金融控股公司时的战略考量，分析设立金融控股公司的主观动力和竞争劣势，指出推动金融控股公司持续发展的基本条件，希望金融控股公司政策制定者高度关注行业本身的发展。总体来讲，目前金融控股公司还没有明确的商业模式，行业还在探索中，申请金融控股公司牌照的内生动力不足，加重责任要求较多，申请金融控股公司牌照更多的是基于监管的强制要求，8000余家冠以"金融控股"字号的企业中真正申请金融控股公司牌照的并不多。因此，建议从授予特许业务、适度放松监管、降低准入门槛、建立豁免机制等方面给予金融控股公司一些特有的优势，形成金融控股公司的特色商业模式，提高金融集团设立金融控股公司的积极性，促进金融控股公司持续健康稳定发展。

第四章

金融控股公司良好公司治理

良好的公司治理是金融控股公司稳健发展的前提和基础，有利于调节利益相关方关系，防止不当利益输送，防范系统性金融风险，形成良性发展环境。综观近年来风险爆雷的金融集团，公司治理失范是重要诱因。近年来，金融监管反复强调要进一步理顺金融控股公司治理机制，增强集团管控能力，在战略定位、组织架构和管理条线等方面进行整体规划，在做好风险隔离的基础上，为实体经济提供综合化、多样性的金融服务。

一、金融控股公司良好公司治理的目标

现代企业所有权与经营权分离产生了委托代理问题，公司治理机制建设的核心就是建立一套契约关系、产生一套制衡机制，确保股东、董事、经营层、员工、债权人、客户等各利益相关方正确履行责任、义务，充分享受权利、权益。股东是企业的所有者，对企业经营情况承担最终责任，传统企业将公司治理的目标确定为股东价值最大化。与一般企业相比，金融控股公司规模大、业务多元化、风险点多、关联度较高、牵涉面广，内部存在风险交叉感染问题，外部存在风险蔓延问题，具有显著的负外部性，关系金融系统的稳定发展，理应对金融控股公司的公司治理提出更高的要求。基于金融控股公司的负外部性、公共产品属性、高杠杆性、信息不对称性，金融控股公司的公司治理至少要实现三重目标：一是金融风险最小化，追求安全、稳健

运营，保障金融体系稳定；二是股东利益最大化，追求良好的财务指标，以期获得良好的投资回报；三是社会价值最优化，积极履行社会责任，发挥综合金融价值。

二、金融控股公司面临的公司治理问题

与一般企业集团相比，金融控股公司组织结构复杂、业务多元化、利益相关者众多、资本杠杆较高，导致金融控股公司的公司治理面临一些特殊的矛盾和困难。

（一）独立法人自治与协同提高效率的矛盾

金融控股公司是由多个独立法人组成的金融集团，监管要求金融机构保持高度的独立性。独立法人高度自治有利于隔离风险，提高整体稳定性，但增加了母子公司之间的沟通障碍，提高了管理成本，不利于多金融业态协同创新，发挥综合金融效应。

（二）资产结构复杂与管理纯粹透明的矛盾

金融控股公司往往规模大、业务多元化、关联度较高，资产结构复杂，具有产融结合优势。但是监管要求金融控股公司限于金融股权投资，不从事金融业务经营，强化金融与实业的有效隔离，旨在打造纯粹型金融控股公司，加强信息披露机制建设，提高透明度。

（三）金融前沿创新与多重约束机制的矛盾

当前，由于金融技术引领金融创新推进，综合化经营日渐成为国际金融主流经营模式。我国在坚持金融分业经营的基础上，探索以金融控股公司形式推进金融综合创新。但金融控股公司面临多重制度约束，综合金融产品开发、人员兼职、内部资源转移等面临诸多限制。

（四）资本经济回报与承担社会责任的矛盾

金融控股公司是市场化经营主体，资本的核心目标在于追求经济利润，最大化股东财务回报。但当前的政策强调金融要服务实体经济，降低实体企

业的融资成本，特别是一些国有金融控股公司承担了大量社会责任甚至是政府公共责任，增加了金融控股公司的财务负担。

（五）关联交易公允与内部转移定价的矛盾

金融控股公司体系内信息相对对称，具有信任基础，交易成本较低，关联交易能够基于较低的成本定价。但根据监管要求，为防止利益输送，关联交易定价要保持公允，不得低于同类可比价格，需要履行更为严格的审批程序，强调关联交易信息公开披露，这可能导致内部交易比外部交易更为复杂。

三、金融控股公司良好公司治理的特征

由于企业形式各异、业务不同、规模不一，难以有最优的公司治理结构，不存在统一的良好公司治理模式。但实践中，专家学者逐渐总结出了金融集团良好公司治理的一些基本原则，影响力比较大的有二十国集团/经济合作与发展组织《公司治理原则》、巴塞尔银行监管委员会《银行公司治理原则》。参照这些国际准则，结合我国实际和金融控股公司监管要求，金融控股公司良好公司治理一般具有以下特征。

（一）各司其职，治理主体充分履职

治理主体应构架完善，功能定位明确，职责边界清晰，程序有效衔接，形成"形神具备"的公司治理体系，能够避免不必要的摩擦和混乱。治理主体充分履职，充分发挥功能特性，决策、执行、监督、评价任务分工明确。金融控股公司、金融控股公司的母公司或实际控制人没有不当干预金融机构的日常经营，各方既不越位、也不缺位。

（二）各尽所能，激励约束科学有效

金融控股公司属于智力密集型行业，需要建立一套科学有效的考评体系，薪酬激励要能够体现价值创造，鼓励各治理主体充分发挥主观能动性，增强各方参与关键议题的意愿。同时，也需要建立一套科学的约束机制，保

障责任、义务的正确完整履行，实现既信任又监督，防止职权滥用和过度激励。

（三）各得其所，利益主体和谐共治

金融控股公司的利益相关者众多，各主体诉求各异，利益相关者治理是公司治理的关键问题。良好公司治理机制能够处理好股东与债权人、投资者等金融消费者的关系，处理好股东与监管者之间的关系，推动投资者、员工、债权人、客户、供应商以及其他利益相关者共建共治、联合贡献，充分尊重和满足各利益主体的利益诉求。

（四）各安其位，统筹协调高效运转

金融控股公司层级多、流程长，良好公司治理能够推动企业高效运转，各项管理措施都能够有恰如其分的尺度，达成科学的决策，促进有效的行动，实现风险管理与业务发展协调、经济利益与社会责任协调、股东利益与职工权益协调、短期收益与长期收益协调、关联交易与市场原则协调。

（五）各有分寸，相互监督相互制衡

金融控股公司治理责任重大，相互监督相互制衡是公司治理的基本原则之一，可有效避免内部权力过度集中和滥用，并确保运营正常和决策公正，保护投资者、员工和其他利益相关方的利益。各金融机构具有完全独立的法人权益，不会产生人格混同，避免金融控股公司体系内人员混同、财务混同、业务混同。

四、金融控股公司良好公司治理的要素

根据委托代理理论、利益相关者理论、新金融中介理论等理论基础，公司治理是明确各主体权利义务的一系列制度性安排，旨在减轻委托代理问题，提高经营效率。金融控股公司作为金融业的重要组成部分，良好的公司治理对于保护投资者权益、维护金融市场稳定具有至关重要的作用。

金融控股公司良好公司治理的要素如表4-1所示。

表 4-1　金融控股公司良好公司治理的要素

要素	具体内容
良好的股权结构	建立多元制衡的良性股权结构，保持股权结构的简明、清晰、可穿透，并符合金融控股公司的自身特征。金融控股公司的法人层级合理，一般不超过三级，不得交叉持股、反向持股、股权代持
良好的治理构架	根据金融控股公司的职能，在母公司层面，需要设立关联交易、业务协同创新、风险管理、人事提名、薪酬考核、审计稽核等专门委员会，为董事会决策提供意见和建议，保障决策的专业性
良好的激励约束	科学设计短期激励、任期激励、长期激励等多元化激励机制，最大限度地发挥经营者的能力，激发创新精神，推动经营者和所有者目标一致
良好的内控体系	通过科学的内控体系避免内部人控制，防止金融机构内部人员滥用职权、实施控制和操纵公司经营活动
良好的授权机制	要推动分级授权、分级管理，确保各治理主体权利链条清晰，责任明确，完善不同事项的审批管理流程
良好的风险管理	金融控股公司应该建立与战略目标、组织架构、业务模式等相适应的全面风险管理体系，确保经营管理风险最小化和具有可控性
良好的协同效应	充分发挥组织协同作用，推动品牌、管理、服务、营销、财务、资产、产品、场景等协同创新，运用大数据、云计算、大语言模型等建立协同创新科技信息平台，为实体经济提供一站式金融服务，建立综合金融优势
良好的外部监督	金融控股公司是纳入监管的持牌金融机构，应该与监管机构保持良好的沟通，全面接受监管机构的现场检查和非现场检查

（一）良好的股权结构，简单、清晰、可穿透

科学的股权结构是良好公司治理的基石。金融控股公司子公司股权的集中控制有利于实现整体战略意图和经营协同，相对分散则有利于股东制衡，因此要建立多元制衡的良性股权结构，保持股权结构的简明、清晰、可穿透，并符合金融控股公司的自身特征。金融控股公司的法人层级合理，一般不超过三级，不得交叉持股、反向持股、股权代持。金融控股公司的股东具有良好的资质，理解金融控股公司投资的长期性和战略目标，具有持续补充

资本的能力，资本杠杆水平合理，资本充足水平适度。金融控股公司各层级资本金均为自有资金，出资真实，满足持续经营的最低资本要求，不得以借贷资金出资，不得循环出资。

（二）良好的治理构架，独立、协作、高效率

参照商业银行治理指引，建立股东会、董事会、监事会、经营层"三会一层"构架是金融控股公司治理的基本要求。根据金融控股公司的职能，在母公司层面，还需要设立关联交易、业务协同创新、风险管理、人事提名、薪酬考核、审计稽核等专门委员会，为董事会决策提供意见和建议，保障决策的专业性。为推动金融控股公司正常运转，经营层至少应设立风险管理、信息科技、业务协同、人力资源、财务管理、公司治理、关联交易、股权管理、监管沟通等经营事项管理部门，保持前中后台相分离。国有控股金融控股公司还需要建立党的组织体系和工作体系，将党的领导融入公司治理机制中。

（三）良好的激励约束，有节、有度、有责任

金融控股公司规模大、复杂程度高、子公司独立性要求高，所有者和经营者之间具有更为严重的委托代理问题。那么，设计合理的人员遴选和激励机制，科学设计短期激励、任期激励、长期激励等多元化激励机制，能够最大限度地发挥经营者的能力，激发创新精神，推动经营者和所有者目标一致。同时，要加强稳健薪酬管理，明确经营责任目标，建立延期支付、追索扣回制度，强调薪酬与业绩水平、风险状况等挂钩。加强对经营层履职情况的监督管理，避免过度激励。加强内部监督，建立监事会、巡察、纪检监察、稽核审计、合规风控等部门相互配合的立体化监督体系，形成互补互促的监督合力。

（四）良好的内控体系，制约、健全、可操作

良好的内部控制有助于提高管理效率和预防风险，预防和发现欺诈行为，促进业务高效运作，提高法律监管的遵从性等。良好的内部控制包括严密的规章制度、准确定义的管理职责、有效的内部审计、完善的流程控制、

有效的风险管理、清晰的审批和监督程序以及合适的信息技术系统等。要通过科学的内控体系避免内部人控制，防止金融机构内部人员滥用职权、实施控制和操纵公司经营活动。探索引入独立董事、外部评审专家等制衡机制，从而保障利益相关方利益平衡。定期进行内部控制评估，以确保内部控制体系符合要求，识别和弥补内部控制缺陷。

（五）良好的授权机制，分级、匹配、可监控

金融控股公司经营管理事项复杂，为提高管理效率，需要建立完善的授权机制和授权政策，明确股东、董事会、监事会、专门委员会、经理层、各层级干部员工的管理事项权限，明确总部与金融机构的管理服务关系。要推动分级授权、分级管理，确保各治理主体权利链条清晰，责任明确，完善不同事项的审批管理流程。要建立动态授权调整机制，确保授权与受权对象管理能力、管理范围等匹配，确保适度授权。要加强行权记录，确保管理事项可回溯，以便日后审查和调查，避免授权滥用等违规行为。加强技术保护，保障授权的可靠性。

（六）良好的风险管理，全员、全面、全流程

金融控股公司应该建立与战略目标、组织架构、业务模式等相适应的全面风险管理体系，确保经营管理风险最小化和具有可控性。要完善风险偏好，制定与风险管理水平相适应的统一风险政策，将各项风险管理要求穿透到所有机构。建立风险隔离机制，防止风险在体系内交叉感染。要确定各项风险的阈值，强化大额风险暴露管理。要加强风险监测，探索综合金融业态风险加总措施，利用信息技术持续关注各项监管指标和风险指标，确保风险杠杆持续合规和整体风险可控。要加强全面风险管理文化建设，强化员工行为管理，引导员工保持良好的职业操守。

（七）良好的协同效应，合力、合理、有限度

不同的金融机构具有不同的业务功能，金融控股公司可以充分发挥组织协同作用，推动品牌、管理、服务、营销、财务、资产、产品、场景等协同创新，运用大数据、云计算、大语言模型等建立协同创新科技信息平台，为

实体经济提供一站式金融服务，建立综合金融优势。同时，要制定清晰规范的关联交易政策，开展关联交易时应公开透明，具有真实的业务背景，交易条件合理、交易价格公允，避免利益输送，控制交易限额。要建立统一的集团授信管理政策，强化集团体系内对同一客户、集团、行业、区域的风险敞口的监测及管理，避免风险过度集中。

（八）良好的外部监督，合规、透明、有互动

金融控股公司是纳入监管的持牌金融机构，应该与监管机构保持良好的沟通，全面接受监管机构的现场检查和非现场检查。要建立金融消费者权益保护机制，特别要注重数据共享中的客户信息保护。建立反洗钱工作体系，明确反洗钱内部机制和工作流程，明确任务与职责。加强外部审计独立性，支持外部审计机构审慎开展审计调查，提高外部审计质量和可信度。提高市场信用水平，不断提升信用评级，加强与外部债权人的沟通。加强信息披露，积极融入资本市场，严格遵循相关信息披露要求，提高金融控股公司的透明度。

五、金融控股公司高管任职资格条件

金融控股公司高管对于金融控股公司及所控股机构的规范发展具有重要影响，需要具备金融专业知识、风险管控能力和合规经营理念。根据《金融控股公司董事、监事、高级管理人员任职备案管理暂行规定》（中国人民银行令〔2021〕第 2 号），对金融控股公司高管的任职执行备案管理。

（一）执行备案管理的人员范围

一是高管，包括董事、监事，总经理、副总经理、总经理助理、董事会秘书等经营层高管，以及实际履行上述职务职责的人员。二是关键人员，包括风险管理负责人、合规负责人、财务负责人、审计负责人，以及实际履行上述职务职责的人员。以上人员的聘任需符合规定条件，且不得授权不符合条件的人员实际履行相关职责。如无特别说明，本章节中将执行备案管理的

人员统称为高管。

（二）任职条件

一是高管任职基本条件。具有完全民事行为能力；具有良好的守法合规记录；具有良好的品行、声誉；具有大学本科以上学历或者学士以上学位；从事金融工作5年以上，或者从事相关经济工作等与其履行职责相适应的工作8年以上，并具有良好的从业记录；具有与职务相适应的知识、经验和能力。

二是主要领导任职条件。担任金融控股公司董事长、副董事长、监事会主席、总经理、副总经理或者实际履行上述职务职责的人员，应当从事金融工作8年以上，或者从事相关经济工作10年以上，并具有良好的从业记录。金融控股公司董事长、监事会主席、总经理或者实际履行上述职务职责的人员，原则上在同一家金融控股公司任同一职务时间累计不得超过10年。

三是高管任职附加条件。任职高管应当具有下列任职经历之一：担任金融控股公司等金融机构部门负责人同等及以上职务不少于2年，其中担任总经理或者实际履行其职务职责的人员，该任职经历应当不少于5年；担任金融管理部门相当管理职务不少于2年，其中担任总经理或者实际履行其职务职责的人员，该任职经历应当不少于5年；其他证明其具有该职务所需知识、能力、经验的任职经历。

四是财务负责人任职条件。应当取得高级会计师以上职称或者注册会计师资格，并从事财务、会计或者审计相关工作2年以上。没有取得高级会计师以上职称或者注册会计师资格的，应当从事财务、会计或者审计相关工作10年以上。

五是风险管理负责人、合规负责人、审计负责人任职条件。应当从事相关工作2年以上。

六是特别规定。实质控制金融机构中包含商业银行或证券公司或保险公司的，其董事、高级管理人员中应当分别至少有1人在对应机构担任部门负责人同等及以上职务不少于 3 年，或者在相应金融管理部门担任相当管理职务不少于 3 年。

(三) 兼职管理规定

金融控股公司董事长和总经理应当分设，高级管理人员原则上可以兼任本公司所控股或参股机构的董事或监事，但不能兼任所控股机构的高级管理人员，不得在其他营利性机构兼任职务。所控股机构的高级管理人员不得相互兼任。

六、ESG 实践有助于提高金融控股公司治理水平

ESG 理念关注企业环境（Environment）、社会责任（Social）及公司治理（Corporate Governance）等关键绩效，避免利益相关者问题，是可持续发展理念的延伸和发展。金融控股公司实践 ESG 理念，不仅有助于提高公司的社会责任意识和形象，还可以加强公司内部治理，增强投资者对公司的信任和认可。

(一) ESG 实践有利于实现良好公司治理目标

ESG 评级提供了一种标准的评估方法，全球范围内有几百家机构提供评价服务，国内外大量实证研究论证得出推行 ESG 理念有利于提高企业经营绩效。2022 年 7 月，深圳证券交易所推出了国证 ESG 评价方法，从 3 个维度、15 个主题、32 个领域、200 余个指标来评价企业可持续发展实践和绩效（见表 4-2）。ESG 关注的内容与良好公司治理实践具有共通性，公司治理机制本身是 ESG 评价的重要内容，社会和环境是"大治理"的重要方面，反映了良好公司治理的特性和要素，与金融控股公司的治理目标相呼应。ESG 评估为金融控股公司"广义治理"有效性的提升提供了一个良好工具。在环境方面，金融控股公司通过推行低碳、节能、环保的政策，降低对环境的影响。在社会方面，金融控股公司通过积极参与慈善事业、为员工提供更好的福利待遇等，提升形象和社会责任感。在治理方面，金融控股公司优化

公司治理结构，设立有效的内部监督机制，防止公司违法违规行为，确保健康稳定发展。

表4-2 国证ESG评价体系

维度	主题	反映内容	领域
环境（E）	资源利用	聚焦企业的生产行为，主要反映投入和产出环节中的要素使用效率、废弃物排放水平以及相关治理措施安排情况	水资源
			能源耗用
			物料耗用
	气候变化	聚焦企业的生产行为，主要反映投入和产出环节中的要素使用效率、废弃物排放水平以及相关治理措施安排情况	温室气体排放
			气候变化风险管理
	污废管理	聚焦企业的生产行为，主要反映投入和产出环节中的要素使用效率、废弃物排放水平以及相关治理措施安排情况	污染物
			废弃物
	生态保护	关注企业的主观意愿，侧重从整体上衡量企业对保护环境与生物多样性的重视程度，评价标准涉及环保政策制定、环保意识培养、产品可回收设计等多个方面	环境管理
			生物多样性
	环境机遇	体现环境规制背景下的企业选择，旨在反映企业对未来经济转型中潜在机遇的把控能力	绿色业务
			绿色金融
社会责任（S）	员工	衡量企业在员工福祉保障、供应链可持续性管理方面的政策制定情况，旨在反映相关风险发生对企业持续生产经营的影响	员工管理与福利
			员工发展与多样性
			健康与安全保障
	供应商	衡量企业在员工福祉保障、供应链可持续性管理方面的政策制定情况，旨在反映相关风险发生对企业持续生产经营的影响	环境管理
			社会责任管理
	产品与客户	关注企业在提升产品质量、维护客户权益方面的措施安排，旨在反映相关风险发生对企业持续性盈利水平的影响	产品质量与安全
			客户权益保护
	社会贡献	从公益事业开展与科技创新贡献两个角度，评价企业对外围间接相关者的责任表现，以及企业创新带来的社会经济效益	公益事业
			科技创新

续表

维度	主题	反映内容	领域
公司治理（G）	股东治理	从我国监管规则下的治理机制出发，以监管框架内的合规性为标准，侧重揭示企业在结构设置与运营决策方面的潜在风险	股权结构
			股东权利保护
	董监高治理	从我国监管规则下的治理机制出发，以监管框架内的合规性为标准，侧重揭示企业在结构设置与运营决策方面的潜在风险	治理结构
			治理信息
	ESG治理	从整体上衡量企业在可持续运营及关键风险防控方面的制度安排情况，旨在提供能够凸显治理水平差异的增量信息	治理内容
			治理成效
	风险管理	从整体上衡量企业在可持续运营及关键风险防控方面的制度安排情况，旨在提供能够凸显治理水平差异的增量信息	风险管理
			道德规制
	信息披露	从外部监督视角，衡量企业的信息披露质量及合法合规情况，重点关注关键治理环节的重大风险暴露事件，旨在反映相关问题发生所引发的影响	及时性
			真实准确性
			充分完整性
	治理异常	从外部监督视角，衡量企业的信息披露质量及合法合规情况，重点关注关键治理环节的重大风险暴露事件，旨在反映相关问题发生所引发的影响	治理异常

（二）将ESG理念融入金融控股公司治理实践

金融控股公司具有很强的社会属性，在发展中要树立正确的金融价值观，坚持金融向善的基本逻辑。要将ESG理念融入金融控股公司治理实践，提高公司的社会责任感，增强公司的盈利能力和风险管理能力，确保在内外部复杂多变的金融环境中行稳致远。要在金融控股公司治理框架中明确ESG责任和相关指示，将可操作的ESG治理计划列入整体战略规划，积极向员工、合作伙伴和投资者等利益相关者传递金融控股公司ESG的价值观和意识。在日常经营过程中，进行社会影响评估，识别和检视 ESG 风险，并识别与其相关的 ESG 因素及潜在治理规划，以实现对环境和利益相关者负责任的公司治理。鼓励对 ESG 的投资，将 ESG 考虑纳入到各金融机构的业务指引中，为符合 ESG 标准的企业提供倾斜的金融资源支持。

（三）构建金融控股公司 ESG 组织管理体系

推动 ESG 实践，首先应该建立一个有效的 ESG 组织管理架构，明确董事会的 ESG 管理责任，设立 ESG 专门委员会，赋予经营层 ESG 管理职能，创建专门的 ESG 管理团队，或将 ESG 管理纳入到现有管理部门中。确定与 ESG 相关的执行政策，确立 ESG 的核心价值观和目标，明确对 ESG 问题的关注重点和对策，例如环境保护、雇员福利、社会责任等。建立 ESG 实施框架，包括 ESG 报告、员工培训、供应链管理等方面，确定实现目标和实施方法。加强管理监督，确保管理层和内部审计部门对 ESG 执行的管理和监督，以保证合规性和有效性。加强 ESG 数据收集，在相关的信息系统中对 ESG 履职进行适当的记录和跟踪，持续对 ESG 管理的执行情况进行评估，可以通过与利益相关者（例如客户、员工和投资者）沟通和问卷调查等方式来监测 ESG 成果。发布 ESG 报告，在报告中公开披露环境、社会和治理方面的数据和信息，包括对 ESG 问题的处理、进展情况等内容。

七、结语

良好公司治理能够保护各利益主体权益、提高企业声誉、提升经营效率、降低经营风险，是金融控股公司持续发展的基础和保障。金融控股公司要立足良好公司治理"控制风险、提高收益、履行责任"的"三重目标"，对照良好公司治理各司其职、各尽所能、各得其所、各安其位、各有分寸的特征要求，将 ESG 评估指标体系作为评价工具，进行对标调整，校准偏差，全面践行 ESG 治理要求，不断推动金融控股公司满足良好的股权结构、良好的治理构架、良好的激励约束、良好的内控体系、良好的授权机制、良好的风险管理、良好的协同效应、良好的外部监督等良好公司治理要求，缓解金融控股公司面临的公司治理困难和矛盾，有效平衡各方利益诉求，保持持续健康稳定发展。

第五章

金融控股公司合规管理体系建设

近年来，我国金融监管体系不断完善，强监管成为常态，对金融机构的处罚数量、金额屡创新高。2022年，仅银保监会就做出9914件行政处罚决定，处罚银行保险机构4620家次，处罚责任人员7561人次，罚没合计28.99亿元。2023年，国家金融监督管理总局处罚银行保险机构4750家次，罚没合计78.38亿元，是上一年的2.7倍。2023年，中国证监会查办证券期货违法案件717件，同比增长19%；做出行政处罚539件，同比增长40%；处罚责任主体1073人（家）次，同比增长43%；市场禁入103人，同比增长47%；罚没63.89亿元，同比增长140%。在常态化强监管的背景下，合规管理成为金融企业的核心竞争力之一。合规管理体系是金融控股公司经营必须建立的工作体系，将合规管理融入治理构架，把监管要求融入合规管理体系，对于金融控股公司规范经营、防范风险具有重要意义。

一、金融控股公司合规管理体系建设面临的形势

（一）金融控股公司监管体系不断完善

根据党中央、国务院关于将金融控股公司纳入监管、补齐监管短板的决策部署，2020年9月以来，我国陆续形成以《金融控股公司监督管理试行办法》为核心的监管制度，对金融控股公司行政审批事项、高管人员准

入、关联交易管理等方面出台专项规则，对金融控股公司现场监管、非现场监管、信息披露、风险评估等做出了规定。2023 年，我国将对金融控股公司等金融集团的日常监管职能纳入新组建的国家金融监督管理总局，机构监管与宏观审慎监管责任进一步明确，金融控股公司监管顶层设计进一步完善。强监管、严问责、重处罚已成常态，各项金融监管的核心主线就是内控合规。

（二）综合金融业务合规管理点多面广

金融控股公司经营两个或两个类型以上的金融机构，资产规模大、业务品种多，不同金融机构的监管规则不完全一致，还存在部分与金融相关的资产，合规指标多、管理责任大。根据《银行保险机构大股东行为监管办法（试行）》《证券公司股权管理规定》等，对单一金融机构的监管会延伸到作为股东的金融控股公司，金融控股公司面临金融控股公司自身和所控股金融机构的合规管理，存在"多重监管""加重责任"问题，需要遵守的规则繁多。除经营业务合规外，金融控股公司也面临反洗钱、反恐怖融资、反诈骗、征信、金融消费者权益保护、数据安全等合规管理工作。

（三）合规保障金融控股公司稳健经营

合规是反映金融机构发展质量的重要指标，是保障金融机构稳健发展的有力武器。金融控股公司具有大体量、跨领域、跨区域等特点，一般具有一定的系统重要性。金融控股公司的内部协同、关联交易等在提高经济效率的同时，也容易造成风险隐匿、监管套利行为，一旦风险爆发将产生连锁反应。合规体系建设是防控金融风险的必要举措，要维护金融稳定，就要夯实合规的"地基"。金融控股公司通过加强全面合规管理，对体系内统一风险政策的执行、大额风险暴露、集中度进行监督管理，能够有效降低特质性风险，确保各业务板块具有一致的风险偏好和满足合规要求，防范合规问题演变为风险隐患。

二、金融控股公司合规管理体系建设关注重点

（一）多业态综合金融监督

金融控股公司是我国分业监管体制下探索形成的综合金融经营模式。金融控股公司以投资经营金融机构股权为核心业务，本身不对外开展资金融通的金融业务，但根据并表监管要求，金融控股公司要将所控股的金融机构都纳入风险并表管理范围。金融控股公司面临银行业务、证券业务、保险业务、信托业务、资管业务等不同类型金融业务的合规管理，不同类型金融业务的监管理念各异，监管规则不一，监管指标不同，金融控股公司必须将所有控股金融机构的业务和人员纳入合规监督，建立起覆盖多业态的合规管理体系。多业态、复杂性也带来风险隐蔽性和交叉感染，为此要完善风险隔离机制，避免风险跨机构传播。

（二）复杂性关联交易监督

2004 年，德隆系借助金融机构关联交易疯狂扩张并轰然倒塌，引发我国的金融监管反思与改革，推动中国金融系统建立现代金融企业的改革进程。目前，合规管理已成为金融机构管理的重要议题。近年来，安邦系、明天系、华信系、泛海系、海航系、当代系、恒大系等综合金融企业频繁爆雷，主要原因之一是频繁、隐蔽的关联交易掏空金融机构的资产或利用金融机构作为融资工具。内部协同可以有效发挥金融控股公司的规模效应和范围效应，对关联交易的合规监督，就是在确保符合监管要求、防范金融风险的前提下，实现关联交易的最大价值。2023 年 2 月，中国人民银行发布《金融控股公司关联交易管理办法》，关联交易监督规则进一步细化，关联交易报告和披露成为重要的监管要求。

（三）穿透式风险政策监督

为保持风险政策的整体性，金融控股公司要制定统一的风险政策、风险偏好、风险限额。要在机构管理上向上和向下穿透，将相关合规要求向上穿

透到金融控股公司股东，向下穿透到控股金融机构，指导金融机构在其自身风险偏好、风险政策、风险限额等方面契合金融控股公司的预期，融入各业务的发展要求，以此体现整体战略的一致性，保持风险政策的一致性。另外，要在金融产品上穿透。金融控股公司开展内部金融产品创新是增强客户黏性、降低获客成本、提高收益水平的有效手段，但部分产品嵌套多、跨界多、链条长，违规形式更加隐蔽，传染性更强，因此在合规管理上必须穿透到基础资产。

（四）整体性资本管理监督

《巴塞尔协议》等现代金融监管准则将资本监管作为风险监管的核心，强化资本杠杆对规模扩张的限制。资本管理对于金融机构的经营具有核心牵制作用。我国监管要求金融控股公司及控股金融机构保持资本规模与资产规模和风险水平相当，资本规模要持续合规，规定金融控股公司对旗下金融机构承担资本补充责任和义务，需要建立资本储备，以自有资金对旗下金融机构出资。金融控股公司合规管理必须将整体资本管理和其控股的金融机构的资本管理作为重要内容，关注金融控股公司整体资本充足性，监控和指导旗下金融机构保持资本充足性。

（五）跨业务集团授信监督

监管要求金融控股公司统筹协调集团体系单一客户集中度和集团客户集中度，将金融控股公司和所控股金融机构作为一个集团整体，建立大额风险暴露的管理政策和内控制度，强化集团授信管理和大额风险暴露管理，避免单一机构集中度合规、未超过监管要求，但金融控股公司集团体系风险敞口在某一客户、某一行业、某一领域过于集中，从而影响金融控股公司整体稳定性。金融控股公司在进行集中度管理时，不仅要关注授信业务风险敞口，也要关注资产管理等服务业务的集中度，提高收入、利润来源的分散性。

（六）多维度公司治理监督

监管对金融控股公司持股行为、股东行为、人员兼职等治理行为提出明确要求，要求建立现代企业制度。要规范持股行为，要求金融控股公司不得交叉持股、循环出资、虚假出资，严禁采用股权代持、私下协议等方式隐瞒出资行为。要规范股东行为，保持金融机构业务、人员、财务的高度独立性，不得干预金融机构的日常经营，只能通过股东会、董事会、监事会等公司治理机制参与金融机构的日常经营管理。要规范人员兼职，金融控股公司董事一般可兼职金融机构董事，而高管人员不得相互兼职。

三、金融控股公司合规管理体系建设框架

（一）合规管理体系建设基本目标

金融控股公司的合规目标可以分为三个层次，逐渐深入推动合规管理与经营管理的有机结合，为金融控股公司健康持续稳定发展保驾护航。第一层是推动监管合规，以提高监管评级，减少监管处罚为目标；第二层是推动操作合规，以加强案防，规范从业行为，守住不发生重大案件的底线为目标；第三层是推动经营合规，以维护资产质量，确保资产安全，提升风险管理水平为目标。

（二）合规管理体系建设基本原则

金融控股公司合规管理体系建设应该遵循全面覆盖、独立审慎、权责清晰、协同联动、匹配适当、务实高效等原则，确保合规工作覆盖所有业务、全部人员，指定和建立独立部门审慎开展合规工作，明确各层级、各部门的合规管理责任，统筹协调各监督条线的合规工作，实现合规管理深度与资产规模、业务复杂程度相匹配，确保合规管理与业务发展效率相协调。

（三）建立合规管理体系组织构架

合规组织体系在合规管理体系建设中处于优先位置。要明确金融控股公司及控股金融机构各层级的合规管理职责，建立职能明确、责任清晰、分工合理的合规组织体系，明确金融控股公司董事会承担合规管理最终责任，经理层为合规管理执行机构，合规管理部门负责具体合规工作的统筹协调，各职能部门承担义务范围内的合规管理责任。在此基础上，建立金融控股公司

合规管理的"四道防线":第一道防线是金融控股公司所控股金融机构对经营活动的合规性承担首要责任;第二道防线是金融控股公司业务部门对条线业务承担合规监督责任;第三道防线是合规管理条线部门承担全面合规监管责任;第四道防线是法务、审计和纪检监察等部门承担调查、纠偏责任。

（四）建立全面合规管理综合制度

金融控股公司应参考《商业银行合规风险管理指引》（银监发〔2006〕76号），建立并指导旗下控股金融机构建立合规管理制度，明确合规管理组织体系、责任体系、运行机制等整体框架，强化关联交易、资本管理、集团授信、公司治理等方面的合规管理责任，形成贯通上下的合规管理统一规范，完善合规管理工作闭环。国有金融控股公司还需要根据《中央企业合规管理指引（试行）》（国资发法规〔2018〕106号）、《中央企业合规管理办法》（国务院国有资产监督管理委员会令第42号），落实国资监管要求，细化党领导下合规管理工作更深层次的要求。

（五）建立合规管理质量评估体系

为全面掌握金融控股公司合规管理体系现状，量化合规管理工作成果，推动合规管理工作不断改善，需要加强合规结果管理和合规过程管理，建立合规管理质量评估体系。一方面要关注合规结果，包括监管结论、监管评级、资产质量等指标体系，监控行政处罚、监管检查、风险事件、巡视巡察、审计问题、违规案件等事件评价结果，也可将资产不良率、损失率、盈利能力等作为合规质量指标；另一方面要关注合规管理过程，包括制度制定及执行、员工行为管理、合规教育培训、合规报告执行等合规管理日常工作的落实情况。

（六）建立合规风险识别应对机制

要借助信息系统建设，建立合规风险识别预警机制，强化行为模型设计，对金融控股公司及各金融机构经营活动中的合规风险进行分析和判断，及时锁定风险问题、影响程度、潜在后果，快速形成处置方案。定期更新合规风险数据库，通过信息化、大数据手段识别、收集和整理可能面临的合规风险点，对关联交易、集中度管理超限进行提示，对违反操作流程事项进行警示，对典型性、普遍性或者可能产生严重后果的合规问题及时预警，并由合规管理部门牵头，组织相关部门开展调查、处置，及时纠偏。

内控合规管理体系的组成如表5-1所示。

表5-1　内控合规管理体系的组成

项目	具体内容
管理目标	合规目标、案防目标、资产安全目标、运营目标
管理对象	各项经营管理活动，如投资管理、资产管理、关联交易管理、资金管理等
连接管理	以控制要点为核心，将管理对象和方法打通，形成管理闭环体系
管理要素	监管规则学习、制度管理、业务流程梳理、合规培训、合规考核、内控检查、内控整改、事后问责

四、金融控股公司合规管理运营组织机制

（一）加强合规培训，明确合规要求

"知规才能守规"，合规管理的起点应该是合规培训。金融控股公司应积极引导全体员工加强学习，强化员工队伍建设，坚持将合规文化建设与业务经营、案件治理工作相结合，创新合规培训内容，整合合规培训资源，强化规章制度的宣讲和监管要求的及时更新解读，使全体员工知晓和理解各项工作的合规要求，通过理念传导、典型示范、制度学习、案例培训、监督检查等方式使合规操作成为每位员工的自觉行动和操作指南。

（二）加强合规审查，确保合规先行

合规审查是业务落地、新业务论证、新制度建立前必须开展的一项常规性工作，合规审查可以有效保障合规先行。要强化重大业务的合规审查，保障业务运营符合法律、法规和监管要求，防止违规操作和不合规行为的发生。强化制度审查，制度在正式出台之前必须经过合规审查，确保落实各项监管要求。强化新业务合规先行、制度先行，新业务开展前的可行性研究论

证中必须包含合规论证，必须将合规要求纳入业务制度规范之中。

（三）加强合规检查，深入重点事项

对合规风险可疑点和高发点开展合规专项检查，强化重点领域的合规管理，提前发现合规问题。编制对金融机构滚动合规检查计划，确保在一个周期内（一般为三年）合规检查全覆盖，实现合规监督无死角。建立操作风险排查机制，把握内控管理的每一个环节、每一个岗位、每一个时段、每一个流程，突出案件治理重点，对易发风险部位、高风险领域等可疑信息及时组织排查，建立起全方位、全过程、全覆盖的操作风险监测体系。

（四）加强合规监测，紧盯重点领域

以金融控股公司及控股金融机构各项监管指标为核心，持续探索提升合规监测工作机制，进行全面、系统、持续的监测和分析，确保各项业务活动符合监管要求和标准，推动合规问题早发现、早纠正、早处置。建立和完善员工行为监测与排查机制，特别是加强对财务、审批等重点岗位人员的监测，充分利用大数据技术手段，实现对员工异常行为的持续监测，做好提示、预警、监督及处理工作，督促、警示和教育员工遵纪守法，使操作行为符合规范。

（五）加强合规整改，促进溯源治理

金融控股公司合规管理部门要将通过合规检查、合规审查、监管检查、监管通报等各种方式排查出来的合规问题列入合规整改清单，坚持目标导向、问题导向、结果导向，督促责任主体制定有效整改措施，逐项落实，不打折扣加强整改，切实"以查促改""以改促建"，持续完善内控合规体系。合规管理部门要根据整改清单，定期督促推动落实整改，强化整改时点控制，持续评估整改效果。要及时总结整改过程中的共性问题，及时弥补管理漏洞、短板，强化举一反三、标本兼治，推动建立问题整改长效机制。

（六）加强合规问责，强化合规震慑

制定责任追究制度，明确合规问题线索移送、办理、核查、处理等工作程序，明确"查审分离"机制，重点问责整治可能引致重大风险、屡查屡犯的问题，做到"一案三问"（即出现案件要问责当事人、知情人及机构负责人）、"一险三问"（即出现风险要问责业务发起人、业务审批人及机构负责人）、"一损三问"（即出现损害金融消费者事件要问责销售人、核准人和机构负责人）。同时，要完善尽职容错免责机制，落实"三个区分开来"要求，明确免责情形。发挥违规问责警示作用，适当公示问责结果，在适当范围总结通报案件核查处理情况，发挥"追责一个、警示一片"的警示教育作用，有效加强合规履职和责任意识。

五、金融控股公司合规管理体系建设技术路线

（一）营造浓厚的全面合规管理文化

将合规理念融入到企业文化建设中，将"内控优先，合规为本"作为基本准则，大力推行"违规就是风险，安全就是效益，守法就是信誉"的内控合规理念，大力倡导"合规创造价值"，努力建立"全面合规、主动合规、持续合规"的长效机制。深入开展多种形式的合规文化教育，学习合规案例，加强合规警示教育，普及风险知识，提升合规操作意识，做到合规警钟长鸣，筑牢员工合规经营的思想防线。建立合规激励机制，提升开展合规工作的积极性。

（二）加强跨部门合规管理统筹协调

合规管理是一项综合性工作，除合规管理部门外，风险、法务、审计、纪检监察、内控等业务部门均涉及合规管理，因此要明确职责分工，强化合规管理部门的统筹管理责任、专业部门的专业领域责任，形成合规管理合力。要强化合规管理的统筹兼顾，将合规管理与风险管理相融合，用合规"标尺"排查风险，把合规要求渗透到"全覆盖、全流程、专业化、责任制"的全面风险管理体系中。将合规管理与目标管理相融合，坚持合规和效益并重，在合规的前提下加快业务发展。将合规管理与日常经营相融合，实现检

查排查常态化、评价考核常态化、监督整改常态化。

（三）不断完善合规管理规则库建设

建立内部规章制度库，全面排查内控制度的"空白点"，查漏补缺，弥补制度短板，确保各项工作有章可循。要加强"外规内化"，跟踪监管规则变化，及时将监管要求转化为公司治理、业务和风险控制的流程和制度，警惕和克服"牛栏关猫"式的制度失效问题。建立监管规则库，金融控股公司相关监管规则众多，为方便查询，应集中归集，并整理监管规则要点进行解读。建立监管合规遵循要点库，以近年来的监管处罚为出发点，梳理监管执行要求，从行业的共性问题中找出合规隐患点，对内部管理工作及早进行预警。

（四）加强合规管理数字化体系建设

监管规定金融控股公司应当将风险管理要求嵌入到集团经营管理流程和科技信息系统中，在这个系统中，应该注重融入合规管理要求，构建以合规标准、合规责任、合规组织、合规培训、合规预警、合规评估、合规考核、合规报告为核心的合规管理模块，强化业务系统关键节点的刚性控制，开展实时监测和自动预警，确保各项经营管理决策和执行活动可控制、可追溯、可检查。加强合规管理系统与业务系统、风险管理系统、财务系统、采购系统、资产管理系统等的对接联通，打破信息孤岛，提高合规管理效能。

（五）完善合规管理考核及报告机制

建立合规问题举报途径，鼓励员工举报违法、违反职业操守或可疑的行为，对于举报者要建立有效的保护机制，对于举报属实、纠错及时、规避风险、挽回损失的给予奖励。完善合规绩效考核机制，进一步在绩效考核体系设计上体现合规要求，把合规管理成效与董事履职评价、高管绩效以及各级干部员工自身利益紧密联系起来，做到激励有效、管控有力。强化合规考核结果的沟通反馈，明确改进方向。建立合规报告机制，细化报告内容、报告频率、报告路线。

六、金融控股公司数字化合规管理体系建设要点

（一）推动规则数字改造

内部规章制度、监管规则等的数字化改造是合规管理信息系统建设的起点，要通过收集、整理、加工等挖掘规则的逻辑要点，利用人工智能、大语言模型，对内部制度、监管制度等进行结构化、标签化改造，对外规与内规建立映射关系，为智能检索和智能监控执行提供数据支撑。绘制各项业务的流程图，将规则数字化建设与节点控制相结合，采用"自动解构＋人工判断"的方式提示关键节点的重要制度要求、监管规则、执行要点，加强合规警示。

（二）强化关键节点控制

健全业务操作规程，结合合规组织构架，强化"四道防线"职能，在信息系统流程中嵌入决策审批、分级授权、不相容岗位分离、事权财权分离、重大事项自动报告等内控合规管理要求，在重要节点进行合规提示，对异常操作进行警示。强化过程管控，明确各节点的输入、输出、活动、工具、资源等，压实各环节的合规管理责任，充分运用流程管控，确保在业务流程、岗位人员等方面相互监督、相互制约，规避操作风险和舞弊风险，保障合规关键措施的落实。

（三）搭建合规管理模块

搭建合规管理数字化平台，加强金融科技运用，建立合规培训、合规审查、合规监测、合规问责整改督办、合规报告、合规考核反馈、员工行为异常排查等合规管理工作模块，集中前中后台的合规管理要素，统一数据处理规则，强化各模块的统筹协调，避免数据分割。通过各合规模块的运行，加强数据收集、整理、分析，不断挖掘数据价值，推动合规管理由经验推动向智能化判断转变，由事后检查向事前预警延伸，促进合规管理数字化转型，助力风险洞察精准化、科学化。

（四）建立合规评估模型

为强化对合规管理对象的动态评价，需建立科学的合规评估模型，形成"合规过程评价指标＋合规结果评价指标"相结合的合规评估一级指标体系，并根据管理重点设置相应的权重。合规过程评价指标主要依靠专家进行评估，具体对合规管理对象的制度完备性及合规培训教育、合规报告、员工行为管理等日常合规工作的开展情况进行考核评估。合规结果评价指标主要是定量指标，主要依据违规问题数据进行评估。为了使违规数据更加具有可对比性，需要进一步对违规问题进行数据处理，推动违规问题描述标准化，将发现的违规问题根据问题性质、造成的影响、造成的损失等分为轻微违规、一般违规、严重违规和特别严重违规四个等级，在基本分的基础上使每个等级对应不同的考核扣分项。同时，开发合规评估可视化图表和开展自动解构分析，强化合规报表智能归集，减少手工工作量。

七、结语

系统规划合规管理体系建设，立好规矩、扎紧篱笆、梳理流程、明确规范，有利于推动金融控股公司稳健发展。建立有效的合规管理体系，要以有效防控合规风险为目的，以提升依法合规经营管理水平为导向，以经营管理行为和员工履职行为为对象，开展包括建立合规制度、完善运行机制、培育合规文化、强化监督问责等在内的有组织、有计划的管理活动，保障金融控股公司持续健康发展。

第六章

金融控股公司全面风险管理体系建设

金融控股公司全面风险管理是指围绕金融控股公司的使命、愿景和战略目标，培育良好的风险管理文化，建立健全风险管理体系，包括风险治理架构，风险管理政策流程，风险识别、计量和管理的方法与工具，风险管理报告，风险绩效考核，以及风险管理信息系统（包括风险数据库、风险计量和监控系统、风险预警系统和危机处理系统等）和内部控制系统，确保风险管理和内部控制渗透到经营管理的各个操作环节中，覆盖所有相关层级、部门、岗位和人员，为实现整体战略和风险管理的总体目标提供合理保证。推动金融控股公司全面风险管理体系建立，将风险管理能力打造成为核心竞争力，对于打造高质量的综合金融发展模式具有重要意义。

一、建立金融控股公司全面风险管理体系的背景和意义

加强金融控股公司的风险防控是近年来监管重点关注的议题，建立全面风险管理体系对于金融控股公司的稳健经营具有重要现实意义，有利于守住不发生系统性金融风险的底线。

（一）建立全面风险管理体系是金融控股公司应对金融监管的客观要求

金融控股公司全面纳入监管，意味着将作为金融机构接受管理。金融机构建立全面风险管理体系是《巴塞尔协议》的重要内容，金融控股公司开展合规管理必然要建立全面风险管理体系。《金融控股公司监督管理试行办法》

明确要求建立风险偏好体系，对金融控股公司实行并表监管，通过报告制度、现场检查、风险评估和预警等方式，监控、评估、防范和化解金融控股公司整体层面的资本充足、关联交易、流动性、声誉等风险。未来中国人民银行还将建立统一的金融控股公司监管信息平台和统计制度，这些工作都离不开金融控股公司风险数据的支持。

（二）建立全面风险管理体系是金融控股公司应对复杂风险的重要手段

金融控股公司面临的风险具有复杂性、传染性、隐蔽性、异质性等特点，并且面临刚性不足、工具不多、风险偏好与集团战略不协调、基础设施落后、缺乏主动的风险管理策略等问题。对于金融控股公司的经营者如何管好风险，《金融控股公司监督管理试行办法》在原则框架上做出了规定，需要将其转化为具体的执行标准。只有行之有效的全面风险管理体系才能将全面风险管理要求落到实地，才能对风险偏好、风险限额进行有效设定、传导、执行，确保各项政策不出现执行偏差，确保金融控股公司及控股金融机构整体风险管理统一协调。

（三）建立全面风险管理体系是推动金融控股公司稳健经营的必然要求

《金融控股公司监督管理试行办法》与《商业银行股权管理暂行办法》等制度对金融机构的股东提出了更高的要求，这对于真正立足于服务实体经济发展、着眼于长期综合回报的投资者是一个实质性的利好，对于只想通过金融机构加大杠杆、套取资金、谋取短期收益的"野蛮人"是一个巨大的震慑，预期金融业将迎来一个更加稳健、更加成熟、更加有为的发展新时代。金融控股公司只有通过建立全面风险管理体系，实施更加精细化的风险管理，才能够立于不败之地，这对于防控金融风险、服务实体经济具有重要意义。

二、金融控股公司面临的主要风险分析

根据《金融控股公司监督管理试行办法》关于我国金融控股公司的定义，金融控股公司本身不直接面向市场提供金融服务，其风险主要是投资经

营管理金融机构引致的风险，是自身和旗下金融机构风险的总和。因此，金融控股公司除了面临一般金融机构的各类风险以外，由于金融多元化的特性，又面临特质性风险。

（一）金融控股公司面临的一般性风险

金融控股公司作为综合金融企业，面临的风险与单一金融机构有相当程度的相似性。根据风险来源的不同，金融控股公司面临的一般性风险分为流动性风险、操作风险、信用风险、市场风险、声誉风险、法律合规风险、战略风险以及其他风险。2016年我国发布《银行业金融机构全面风险管理指引》（银监发〔2016〕44号）以来，一般性风险的管理技术和手段已经较为成熟，各金融机构也建立了适用的指标体系，为金融控股公司管理一般性风险提供了充分的借鉴。

1. 流动性风险

流动性风险是指无法以合理成本及时获得充足资金，用于偿付到期债务、履行其他支付义务和满足正常业务开展的其他资金需求的风险。

2. 操作风险

操作风险是指由不完善或有问题的内部程序、员工和科技信息系统，以及外部事件所造成损失的风险。

3. 信用风险

信用风险是指债务人或交易对手未能履行合同规定的义务或信用质量发生变化，从而给集团造成损失的风险。

4. 市场风险

市场风险是指因市场价格（利率、汇率、股票价格、非上市公司股权价格和商品价格）的不利变动而使金融控股公司遭受损失的风险，包括交易账户的利率风险、股票风险、非上市公司股权价格风险、交易账户和银行账户的汇率风险、商品价格风险等各类别市场风险。

5. 声誉风险

声誉风险是指由于金融控股公司经营管理及其他行为或外部事件导致利

益相关方对其负面评估的风险。

6. 法律合规风险

法律合规风险是指金融控股公司因没有遵循适用于自身经营活动的法律、行政规章及其他规范性文件、经营规则、准则、内部管理制度而可能遭受法律制裁、监管处罚、重大财务损失和声誉损失的风险。

7. 战略风险

战略风险是指经营策略不适当或外部经营环境变化而导致的风险。

8. 其他风险

其他风险包括但不限于信息科技风险、新业务风险等。

（二）金融控股公司面临的特质性风险

在我国金融业从分业经营向混业经营发展的过程中，金融控股公司通过融合银行、证券、保险、信托、基金等金融资源，发挥了多元化业务结构及业务协同优势，提高了综合竞争力、抗风险水平并实现了规模效应，在推动金融创新等方面发挥了积极作用，但多元复杂的业务模式也使其在公司治理、关联交易、资本杠杆、客户集中度等方面的特殊风险凸显。

1. 关联交易风险

金融控股公司的组织优势之一在于业务协同，关联交易是常规的协同模式。如果内部风险隔离机制不足，容易通过关联交易形成利益输送，出现粉饰报表等行为，带来透明度风险。大量的内部担保等容易造成"风险株连"，当一家子公司发生风险时，可能在金融控股公司内部甚至更大范围出现风险传染，导致风险的放大和失控。且长期的内部关联交易往往缺乏可持续性，容易导致相关业务市场的竞争力不足。

2. 资本杠杆风险

金融控股公司通过投资行为把资金注入某个子公司时，这部分资金将在母公司和子公司两个层面被纳入资本范畴，由此出现了资本的第一次重复计算；若该子公司又将这部分资金注入其下属企业或金融控股公司的其他子公司，则将形成同一笔资金的第二次重复计算。持续重复以上操作，则通过多重财务杠杆将使同一笔资金无限次重复使用。这将带来资本充足率高估的问题，导致金融控股公司的整体偿付能力小于所有法人实体偿付能力之和，以资本充足率为核心的风险指标可能失效，无法确保以足够的资本覆盖风险。

3. 集中度风险

金融控股公司内部通过协同为同一客户提供金融服务，对于单个金融机构来说可能并不会形成风险聚集，不会越过监管红线。但是对于金融控股公司整体来讲，在金融控股公司层面缺少统一授信协调机制的情况下，风险敞口过度集中于某一行业、某一区域、某一客户将导致风险在金融控股公司聚集，一旦遭遇特定行业、区域的政策紧缩或低潮，就可能出现转型困难和不良攀升等问题，影响整体的稳定性。

（三）金融控股公司面临的双重监管合规风险

金融控股公司的监管主体为国家金融监督管理总局，旗下金融机构则可能分别由国家金融监督管理总局、中国证监会等主体监管。国家金融监督管理总局、中国证监会等对金融机构的股东行为、关联交易行为等各有监管规定，各项监管要求分布在银行、证券、保险、信托、租赁等金融机构的管理要求之中，各项监管标准不一，金融控股公司在实际运营中都必须遵循，因此可以说金融控股公司面临多种主体的监管，金融控股公司运营面临较多的合规风险。

三、金融控股公司全面风险管理体系建设的基本原则

借鉴 2012 年联合论坛重新修订的《金融集团监管原则》，金融控股公司构建全面风险管理体系应遵循以下六项原则。

（一）双重合规原则

金融控股公司全面风险管理体系最基本的要求即为符合监管要求。由于金融控股公司的特殊性质，全面风险管理体系的各项指标既要满足监管主体国家金融监督管理总局的监管要求，也要满足金融控股公司下属各金融机构

监管主体的监管要求,特别是要满足监管机构关于金融机构股东监管的相关规定,指标体系要能够穿透到所控股金融机构。

（二）稳健经营原则

建立的全面风险管理体系要符合金融控股公司的管理水平,与自身风险识别能力、风险定价能力和风险承受能力相匹配,确保金融控股公司长远稳健经营。准入标准需要松紧适度,风险偏好太低可能导致业务规模难以做大,收益水平难以提高；风险偏好太高则可能导致逆向选择风险,不利于风险定价,会产生较高的不良率。

（三）全面覆盖原则

"针尖大的窟窿能漏过斗大的风",在某一风险事件中,不同类型的单一风险可能同时出现并形成因果链条,比如合规风险可能诱发声誉风险,声誉风险可能诱发市场风险,市场风险可能诱发信用风险,信用风险则可能诱发流动性风险,因此全面风险管理体系要覆盖金融控股公司的全部风险点。并且由于金融控股公司风险的传染性,需将所有控股金融机构纳入全面风险管理体系,覆盖金融控股公司及旗下金融机构的表内业务和表外业务。

（四）独立管理原则

全面风险管理体系的建立、评审、评估、报告等工作应该独立,不受任何其他部门或人员的干扰和影响。相关指标的建立应该结合经济环境和竞争环境以及金融控股公司的战略方向,基于专业人员的专业判断,专业人员具有独立向董事会提出风险指标建议的权利。在开展风险管理相关工作时要有直接向董事会、监事会和监管部门报告的途径,并建立反馈救济机制。

（五）一致穿透原则

金融控股公司与旗下金融机构的全面风险管理体系要有一致性,风险偏好和风险容忍度要相融洽,相关指标需要从金融控股公司穿透到所控股金融机构,将各类风险指标和风险限额分配到所控股金融机构,建立超限额处置机制,及时监控风险管理制度的执行情况。

（六）可测可控原则

相关风险管理指标必须具有可测性，需要的相关风险基础数据应该能够方便地统计、收集、核算，指标能够测度某一领域的风险水平。相关风险管理指标还要具有可控性，可以通过金融控股公司的一系列管理行为加以调节和控制。同时要特别注意来自不同金融机构的风险基础数据是否可以加总，要对基础会计科目统筹设置，风险指标要能够客观、灵敏、清晰地测度金融控股公司的风险状况。

四、金融控股公司全面风险管理体系建设

《金融控股公司监督管理试行办法》明确要求，金融控股公司应建立与组织架构、业务规模、复杂程度和声誉影响相适应的全面风险管理体系，实施风险偏好与限额管理，统一风险敞口与授信，强化风险隔离等。

（一）建立全面风险治理机制

坚持风险管理与业务条线独立运转的原则，在集团和子公司分别设立与业务运行相分离的风险管理机制，发挥风险管理和业务条线之间相互制衡的作用。在集团层面，设立集团风险管理委员会，统筹金融控股公司的全面风险管理；设置风险管理部门，重点推动建立集团整体的风险管理体系，对下属金融子公司的重大风险进行管控，开展金融子公司间的风险信息共享，并对集团内关联交易、交叉业务等风险进行管理等。在子公司层面，按照所属金融行业的监管要求，设立风险管理部门，落实集团风险管理政策要求，开展本金融子公司的日常风险管控工作，实现业务拓展与风险管理齐头并进，促进风险全覆盖的管理体系落地。

（二）确立全面风险管理目标

围绕金融控股公司的整体战略规划和价值最大化的目标，建立组织架构健全、职责边界清晰的全面风险管理架构。制定与金融控股公司经营目标及业务策略相适应的清晰的风险管理政策、风险偏好指标体系。在保证金融

控股公司合法合规经营和尊重子公司独立法人地位的前提下，指导子公司建立健全与其业务性质和规模相匹配的风险治理机制。建设统一的数据管理机制，建立金融控股公司管理信息数据库，集中汇总集团风险管理数据。推动先进风险管理理念和良好风险文化的培育和传播，形成良好的风险管理环境和氛围，实现风险管理的全面覆盖、全程管理与全员参与。

（三）加强会计并表、资本并表、风险并表管理

加强金融控股公司体系内各金融机构会计科目体系的协同，建立标准化、规范化的会计科目体系，制定统一的会计科目设置指引和核算要求，明确合并科目指标勾稽关系，确保金融控股公司体系内口径一致，增强会计信息的可比性，提高整体汇总核算的有效性。

（四）建立风险偏好的制定、传导和评估机制

金融控股公司要坚持稳健审慎的风险偏好，编制风险偏好陈述书和风险偏好指标体系，合理确定各指标的目标值、预警值和容忍值，对各类风险阈值进行监测，定期开展有效性评估，不断提升风险偏好的精细化水平。完善风险偏好传导机制，将风险偏好穿透到所控股的所有金融机构，突出风险偏好对业务发展的引领作用。强化风险考核管理，加大风险问责力度，提高风险指标的严肃性。

（五）强化风险全过程管理

围绕金融控股公司重点风险，以风险偏好制定、风险指标监测、风险事件管理等为抓手，打通风险识别、预警、报告、处置全流程管控链条，建立事前风险防范、事中风险监测、事后风险处置的风险防控过程管理体系。将风险管理的结果运用到集团和子公司的经营管理中，并纳入其经营绩效评价，有效防范各类风险，促进风险政策落地，强化事后风险处置。

（六）加强科技信息系统开发

在大数据、云计算、区块链等信息科技大量运用于金融管理的时代，金融线上交易快速发展，金融科技成为核心竞争力之一。金融控股公司要加快信息科技和业务经营工作的深度融合，建设大数据平台，把全面风险管理

体系融入业务系统、财务系统，实现风险数据归集、比对、维护的高度自动化，发挥大数据技术在风险识别和监测等方面的重要作用。打破信息孤岛，实现金融控股公司内部业务数据互联互通，促进以数字化为支撑的管理变革。

（七）建立风险管理"防火墙"机制

由于金融控股公司具有风险交叉感染的特性，在经营中需要加强风险隔离机制建设，对具有实际控制权的子公司进行穿透管理，加强内部融资、担保等事项管理，对金融控股公司体系内的交叉任职、同业往来、信息共享、营业设施共享等进行合理隔离，建立法人、人事、信息、财务和关联交易等"防火墙"，有效防控风险传染。同时，要注意把握好"隔离"尺度，兼顾协同发展和监管要求。

（八）加强风险合规文化建设

金融控股公司要积极开展多种形式的风险合规文化教育，常态化组织学习合规案例，普及风险知识，提升员工的合规操作意识。加强金融控股公司体系内员工行为管理，形成整体意识，推进廉洁风险点排查和员工异常行为排查，有针对性地采取措施，引导员工保持良好的职业操守。强化内控合规体系建设，厚植清廉金融合规文化，确保合规与风险管理要求在各业务层面全覆盖。

五、金融控股公司全面风险管理"三道防线"

传统的"三道防线"通过明确风险管理职能定位来促进责任落实，能够较为成熟地应用于一般金融法人。但是金融控股公司涉及多个法人主体，其结构更为复杂，内涵更加丰富，风险管控资源协同整合的难度更大。因此，需要结合金融控股公司的特征，改变传统防线单打独斗的局面，将分散在不同法人主体的风险职能条块汇聚整合，形成纵向上下衔接、横向互为支撑的有机整体，最大化风险资源利用效率，发挥风险协同管理优势。

（一）第一道防线：业务经营

前台业务经营部门是风险管理的第一道防线，也是风险防范的第一责任部门。有效运行的第一道防线能够以最低的成本过滤和缓释80%以上的风险，发挥着不可替代的重要作用。金融控股公司应重视第一道防线建设，推动风控职能下沉，完善末梢内控流程，促进风险文化向业务一线渗透。

（二）第二道防线：管理支持

金融控股公司风险管理的第二道防线是矩阵式的，横向并列多个职能部门，纵向串联各个法人层级，通过合理设置风险防控职责与权限，并与第一、第三道防线承启衔接，实现权、责、利的平衡统一，为风险防范提供专业的技术性支撑。横向上，风控合规部门是全面风险管理的牵头者，同时，战略、财务、人力、法律等相关部门也各司其职；纵向上，金融控股公司需在合规的前提下制定与各级管理能力相适应的授权机制，避免出现管控权限的交叉或空白。

（三）第三道防线：审计监督

与国外相比，国内金融企业的第三道防线除了具有审计功能外，还发挥纪检监察作用，审计稽核与纪检监察共同构成风险管理的第三道防线。审计稽核在管"事"方面发挥作用，通过专项审计、跟踪审计和巡视巡察起到纠偏和警示作用。纪检监察在管"人"方面发挥作用，通过执纪问责，增强风险监督的震慑力和约束力。

六、金融控股公司全面风险管理指标体系构建

《金融控股公司监督管理试行办法》要求对纳入并表管理范围内所控股机构的公司治理、资本和杠杆率等进行全面持续管控。金融控股公司在经营管理中必须从满足监管要求和稳健经营两方面出发，探索建立全面风险管理指标体系，推动全面风险管理精细化。要构建全面风险管理指标库，梳理各类风险管理报表、报表要素、基础风险指标，设计体系化、层级化的风险

监测指标，对金融控股公司和子公司的各类风险进行辨别、测量、评估和报告，实现风险管理操作层的自动化。

全面风险管理指标体系如表 6-1 所示。

表 6-1 全面风险管理指标体系

指标类型	指标	指标类型	指标
资本及杠杆类指标	资本充足率	常规风险类指标	信用风险管理指标
	杠杆率		流动性风险管理指标
	集团实缴资本充足水平		操作风险管理指标
			市场风险管理指标
	非金融业务投资比例		声誉风险管理指标
风险株连类指标	客户集中度	经营发展类指标	净资产收益率
	关联交易集中度		收益增长率
	内部融资依存度		净资产增长率
	内外部担保限额		营业收入

（一）资本及杠杆类指标

1. 资本充足率

资本是风险补偿的最重要来源，以《巴塞尔协议》为代表的国际金融管理规则都将资本充足率作为风险管理的核心。金融控股公司全面风险管理指标体系的建设应当借鉴银行集团、保险集团等，将资本充足率纳入指标体系，包括资本充足率、一级资本充足率和核心一级资本充足率三项。

2. 杠杆率

杠杆率是指一级资本占调整后表内外资产余额的比例。杠杆率指标旨在监控金融控股公司的资本杠杆，防控"以小博大"。根据《巴塞尔协议》的精神，金融机构的杠杆率是金融监管的一项重要内容，包括表内敞口、衍生品敞口、证券和金融交易敞口、表外项目。参照《商业银行杠杆率管理办法（修订）》（中国银行业监督管理委员会令 2015 年第 1 号），并表和未并表的杠杆率均不得低于4%，金融控股公司可以结合自身情况确定具体指标。

3. 集团实缴资本充足水平

《金融控股公司监督管理试行办法》规定，金融控股公司实缴注册资本额不低于50亿元人民币，且不低于直接所控股金融机构注册资本总和的50%。

4. 非金融业务投资比例

从《金融控股公司监督管理试行办法》的精神来看，监管有意打造纯粹型金融集团，金融控股公司的业务主要限于投资管理金融机构或与金融业务相关的机构，以往深受地方金融企业青睐的"金融+实业"的融合发展模式受到限制。根据《金融控股公司监督管理试行办法》，金融控股公司可以投资与金融业务相关的机构，但投资总额账面价值原则上不得超过金融控股公司净资产的15%。

（二）风险株连类指标

1. 客户集中度

该指标主要包括单一关联方主体集中度、关联方集团集中度和全部关联度三个维度。参考国家金融监督管理总局对金融机构的监管要求，单一客户贷款集中度是指最大一家客户贷款总额与资本净额之比，不应高于10%；单一集团客户授信集中度是指最大一家集团客户授信总额与资本净额之比，不应高于15%；全部关联度是指全部关联授信与资本净额之比，不应高于50%。当然，金融控股公司也应该计算行业集中度、区域集中度、前十大客户集中度等指标，这几个指标没有具体的监管规定，不同的机构需要根据经验值来确定。

2. 关联交易集中度

根据《金融控股公司监督管理试行办法》，金融控股公司所控股金融机构（财务公司除外）向金融控股公司其他关联方提供的融资，不得超过提供融资的所控股金融机构资本净额的10%，或超过接受融资的金融控股公司关联方资本净额的 20%。根据《银行保险机构关联交易管理办法》，对一个关联法人或其他组织所在集团客户的授信余额总数不得超过金融控股公司资本净额的 15%，对全部关联方的授信余额不得超过金融控股公司资本净额的 50%。

3. 内部融资依存度

内部融资依存度是指金融控股公司整体债务规模中，从体系内融资和依靠体系内担保增信融资规模占总融资规模的比例。对于金融控股公司来说，除了需要将杠杆率控制在合理范围之外，还需要控制金融控股公司或其子公司从内部融资。如果内部融资规模过高，金融控股公司体系内的金融机构就成为"提款机"，形成内部"自循环"，会出现一损俱损的局面。需要说明的是，该指标是笔者定义的指标，目前不具有监管要求，建议金融控股公司经营者在实际中作为参考。

4. 内外部担保限额

在金融控股公司的实际经营中，内部成员相互担保属于或有负债，而且相比于内部融资，更容易隐匿，形成风险相互传染，因此应该重点加以关注。根据《金融控股公司监督管理试行办法》，金融控股公司所控股金融机构（财务公司除外）向金融控股公司其他关联方提供的担保，不得超过提供担保的所控股金融机构资本净额的 10%，或超过接受担保的金融控股公司关联方资本净额的 20%。且金融控股公司对金融控股集团外的担保余额不得超过金融控股公司净资产的 10%。

（三）常规风险类指标

常规风险主要指金融机构运营中广泛面临的风险。金融控股公司要参照《商业银行风险监管核心指标（试行）》来确定常规风险类指标，重点关注信用风险、流动性风险、操作风险、市场风险、声誉风险等。

1. 信用风险管理指标

主要包括资产五级分类、逾期 90 天以上贷款情况、贷款迁徙率、不良贷款率、不良资产率、贷款拨备率、拨备覆盖率等指标。

2. 流动性风险管理指标

主要包括资产负债率、流动比例、速动比例、已获利息倍数、流动性覆盖率、净稳定资金比例、流动性缺口率、同业融入比例等指标。

3. 操作风险管理指标

主要包括重大操作风险损失事件次数、核心业务系统中断恢复时间、客户投诉数量、信访事件数量等指标。

4. 市场风险管理指标

主要包括市场风险RWA、累计外汇敞口头寸比例、市值敏感性比率、利率敏感性缺口等指标。

5. 声誉风险管理指标

主要包括主动性宣传策划数量、重大声誉风险事件数量、声誉风险事件数量等指标。

此外，常规风险还包括信息科技风险、战略风险、洗钱风险、国别风险等。根据全覆盖原则，金融控股公司全面风险管理应该覆盖所有类别的风险。

（四）经营发展类指标

对于金融机构来讲，不发展是最大的风险，只有不断创造利润，推动资产良性增长，才能够不断壮大核心资本，才能通过自我造血提升风险抵补能力，形成良性循环，才有利于吸收经营过程中产生的风险。经营发展类指标主要衡量金融控股公司的发展趋势和发展水平，主要包括净资产收益率、收益增长率、净资产增长率，同时还要核算所控股金融机构的净资产收益率。该类指标合理的参考值应该结合金融控股公司的战略要求，参照行业平均水平来确定。

七、结语

由于金融控股公司存在多层级的公司治理结构和多元化的业务布局，面临着风险复杂度高、传递性强、叠加效应大、信息严重不对称等难题，其风险管理难度远高于一般金融企业，难以直接套用传统的管控模式。因此，需要结合金融控股公司的特点，从满足监管要求和稳健经营两方面出发，探索建立涵盖金融控股公司一般性风险和特质性风险的全面风险管理体系，推动金融控股公司稳健发展。

第七章

金融控股公司关联交易管理

　　金融控股公司是我国探索形成的金融综合化经营的业务模式，合理地开展关联交易，有利于发挥金融控股公司的规模经济效应和范围经济效应，完善金融产品供给，提高我国金融业的竞争力，为实体经济提供更好的金融服务。虽然在一定程度上金融控股公司的核心优势之一就在于关联交易产生的成本优势，但过度不规范的关联交易容易导致利益输送、虚假出资、风险集中、风险隐匿、风险传染和监管套利等问题。综观近年来爆雷的一些金融集团，隐匿关联关系、设计复杂的交易结构、通过子公司违规从金融机构套取资金等时有发生，内部违规关联交易是重要的风险成因。本章从金融控股公司经营管理的角度，探索开展关联交易的规范范式，完善关联交易事前、事中、事后全流程、全方位管控，促进金融控股公司规范稳健发展。

一、金融控股公司关联交易的监管规范

　　《金融控股公司监督管理试行办法》将关联交易管理作为重要内容，11次提到关联交易，提出关联交易管理的原则性和禁止性要求以及相关监管措施，这是金融控股公司关联交易管理的顶层设计。此外，《银行保险机构大股东行为监管办法（试行）》《证券公司股权管理规定》《银行保险机构公司治理准则》等作为规范股东行为的监管政策，均涉及金融控股公司关联交易

监管要求，需一体遵循。

2023年3月，《金融控股公司关联交易管理办法》正式实施，构成金融控股公司关联交易管理的具体制度规范。该办法将关联交易分为金融控股公司关联交易、附属机构关联交易、集团内部交易、集团对外关联交易四个类型，对每个类型都分别提出了相应的管理措施。该办法还对关联方认定、关联交易认定、关联交易内部管理、关联交易报告与披露、监督管理等做出了详细规定。

2022年3月，《银行保险机构关联交易管理办法》正式实施，该办法在范围上覆盖了《金融控股公司监督管理试行办法》列示的五种类型金融机构中的四类，是金融控股公司关联交易管理必须遵循的监管规范。该办法对银行保险机构关联交易管理机制、穿透识别、资金来源与流向、动态评估等提出了具体要求，明确了具体的监管措施，对监管评级为E级的银行保险机构要求不得开展以资金为基础的关联交易。

证券公司还没有专门的关联交易管理制度，只在《证券公司股权管理规定》等相关制度中对关联交易管理做了几条原则性规定。目前上市券商均制定了关联交易管理制度，核心内容主要参照《上海证券交易所上市公司自律监管指引第5号——交易与关联交易》或《深圳证券交易所上市公司信息披露指引第5号——交易与关联交易》，是对上市公司的普遍性要求。另外，由地方金融监管部门监管的小额贷款公司、融资担保公司、融资租赁公司、商业保理公司等地方金融组织，作为金融控股公司附属机构的重要类型，也没有建立完整的关联交易监管规则。

二、金融控股公司关联交易产生的风险

研究明天系、海航系、华信系等金融集团的风险案例可知，关联交易失范、失控是风险的重要成因。金融控股公司违规关联交易有损附属机构的独立性和稳定性，可能引致一系列风险。

（一）利益输送问题

金融机构掌握大量信贷资源，控股股东和重要股东具有控制并利用金融控股公司及附属机构为关联方提供资金或输送利益的动机和能力。不当定价、闭环自融、额度超限、违规审批的关联交易会导致侵占金融控股公司的经济利益，使得金融机构成为关联方的"提款机"，从而不断掏空金融机构，损害中小股东、存款人或债权人的利益。

（二）风险株连问题

金融控股公司系统存在股权联系，如果开展关联交易时风险隔离不当，则一个机构出现危机，会导致风险扩散和蔓延。且由于市场声誉机制的作用，金融控股公司体系内一个机构出现风险，必然导致整体声誉受到影响，出现"一荣俱荣、一损俱损"的局面，进而影响金融稳定，产生"大而不能倒"的问题。

（三）风险集中问题

过多的关联交易可能导致风险集中于金融控股公司内部，形成"内循环"。超限的关联交易可能导致风险集中于某些关联主体，对关联方形成依赖或"绑架"，从而影响金融控股公司整体的稳定性。同时，要注意从金融控股公司整体的角度核算关联交易，关注单个机构关联交易集中度合规但多个机构对同一关联方交易超限的问题。

（四）风险隐匿问题

监管对金融控股公司关联交易程序、报告、披露等行为的监管较为复杂，关联方有通过第三方通道间接进行关联交易，规避关联交易审查的动机。关联交易内部不完善的定价机制也可能导致利润转移、粉饰报表等行为。通过虚构交易、资产置换、重复质押、虚假出资、内部循环等方式隐匿风险，可能导致资产不实、利润不实、风险底数不实等问题存在。

（五）监管套利问题

金融控股公司体系内不同的机构具有不同的功能，特别是在我国分业监管框架下，不同金融机构的监管制度存在差异，监管重点和执行尺度不同，从而可能产生监管套利风险。金融机构相互之间开展协同创新，利用复杂的交易结构、多层嵌套等将金融服务从监管要求高的市场转移到监管要求低的市场，从而规避监管。另外，金融机构联合开发新的金融模式或产品可能产生监管真空。

三、金融控股公司关联交易的利益冲突与协调平衡

金融控股公司应严格遵守关联交易的政策和程序，建立有效的监督机制、披露机制、问责机制，确保关联交易在公正和平等的条件下进行，维护金融控股公司附属机构、少数股东和整体的利益。

（一）协调好集团公司与附属机构的关系

金融控股公司虽然是附属机构的母公司、集团公司，但不能按照传统的集团管控模式处理母公司与子公司的关系。监管要求保持金融机构较高的独立性，不干涉金融机构的日常经营。金融控股公司须以公司治理机制施加相关管理要求，通过股东代表、派驻董事和监事、推荐的高管等表达管理诉求，在战略引导、资本管理、风险管理等方面灌输集团公司的整体管理措施。金融机构根据集团母公司的战略、资本和风险政策，结合自身特点独立自主经营。

（二）协调好协同创新与金融监管的关系

金融控股公司内部之间提供服务是一种重要的协同创新，有利于提高集团资源配置效率，但由于内部股权关系、控制关系等的存在，开展关联交易时"决策权"可能并不对等，强势机构可能侵占弱势机构的利益，过度金融创新可能导致金融风险和市场失衡。金融控股公司应明确关联交易行为的边界，严格遵守监管规则，建立合理的利益分配机制，建立既便于金融控股公司发挥协同优势，也避免利益输送、利益侵占发生的关联交易管理模式。

（三）协调好控股股东与中小股东的关系

控股股东或重要股东通过关联方以关联交易形式取得超额收益，有损中

小股东的利益。为规范和限制控股股东和重要股东的行为，应不断优化金融控股公司的股权结构，防止"一股独大"，建立中小股东参与金融控股公司关键议题的机制，强化独立董事等外部监督，提高中小股东维护自身权益的积极性，让中小股东成为强有力的监督者。同时，要积极探索引入"深石原则"，强化利益股东的责任承担，保护弱势股东和债权人的利益。

（四）协调好数据共享与隐私保护的关系

金融控股公司可以在内部共享客户信息数据，以便于开展服务协同。《金融控股公司监督管理试行办法》初步明确了"告知—知情—同意—合理"的客户信息共享基本框架，规定数据共享必须得到授权，在合理范围内使用。在现实中，信息授权条款一般被设置于冗长的格式条款中，授权同意存在被虚化的问题。金融信息极为敏感，在不同机构之间共享可能导致泄露和滥用风险，金融控股公司必须加强数据脱敏处理，强化客户隐私保护，尊重客户知情同意权。

（五）协调好公允定价与成本定价的关系

合理的关联交易定价政策有利于防范利益输送，一般要求以市场价格为基础。但由于金融控股公司关联方之间信息相对对称，信任程度较高，沟通相对顺畅，交易成本较低，如果采取成本定价法，可以以较优的价格和条件定价，且关联交易有更高的审批和披露要求。金融控股公司应制定合适的定价指引，兼顾公平、合理和长期利益，在保持定价公允的基础上，要尽量降低内部成本，提高经济效率。

四、金融控股公司关联交易管理的核心环节

关联交易是金融控股公司公司治理的重要部分，是监管关注的重点之一。金融控股公司关联方较多，业务类型较广，交易金额往往较大，建立严密的关联交易体系对于持续合规、稳健经营具有重要意义。

金融控股公司关联交易管理的核心环节如表7-1所示。

表 7-1 金融控股公司关联交易管理的核心环节

管理内容	管理要素
关联方识别和动态管理	金融控股公司应建立关联方识别及管理责任体系，主动及时地收集关联方信息，定期进行复核及更新。及时向关联方发送函件，沟通关联方责任，确保关联方理解关联交易的管理要求
关联交易业务流程管理	金融控股公司要按照实质重于形式和穿透原则认定关联交易，准确识别关联交易类型，明确交易金额计算口径，以此区别重大关联交易和一般关联交易，确定适用的审批流程。重复发生或批量发生的关联交易可以签订统一关联交易协议，按照监管精神参照重大关联交易管理
关联交易定价政策管理	合理的价格是防范关联交易利益输送风险的核心之一。监管要求金融控股公司关联交易的条件合理、价格公允，要求按照市场化原则，与关联方的交易定价和条件不优于同类型交易对手，明确禁止交易条件显著偏离同类交易的关联交易。金融控股公司关联交易管理部门要加强关联交易定价原则、业务背景的审查，开展关联交易合理性、公允性、有效性的论证
关联交易比例限额管理	监管要求按照金融控股公司关联交易、附属机构关联交易、集团内部交易、集团对外关联交易四个类别设置关联交易比例限额
关联交易报告披露管理	重大关联交易和统一关联交易协议应单笔逐项报告，加强监管沟通，通过季度报告和年度报告定期向监管机构报告和向公众披露。金融控股公司应及时、准确、完整地进行报告和披露，提高透明度，降低关联交易的复杂程度。如果有需要保密的事项，不便于披露，可以向监管机构申请豁免

（一）加强关联方识别和动态管理

金融控股公司应建立关联方识别及管理责任体系，主动及时地收集关联方信息，定期进行复核及更新。及时向关联方发送函件，沟通关联方责任，确保关联方理解关联交易的管理要求。金融控股公司关联方的层次较多，《金融控股公司关联交易管理办法》第二章用五个条款对关联方认定做出详细说明，要求按照实质重于形式和穿透原则认定关联方，每半年至少更新一次关联方清单。总结起来，金融控股公司的关联方分以下三个类型。第一类是股东类关联方，往上穿透到控股股东和主要股东及其实际控制人，再穿透到这些核心股东的董监高，以及核心股东控制的实体。如果核心股东为自然人，再穿透到自然人的近亲属，以及近亲属控制的实体。第二类是内部人关联方，包括金融控股公司董监高和关键人员以及这些人员的近亲属，再穿透到密切关系人控制的实体。第三类是金融控股公司附属机构，指纳入金融控股公司并表管理范围的机构。值得注意的是，《金融控股公司关联交易管理办法》第九条列示了五种可以认定为关联方的情形，认定范围较为宽泛，是否具有自由裁量权还需要在监管实践中不断探索。

（二）加强关联交易业务流程管理

金融控股公司要按照实质重于形式和穿透原则认定关联交易，准确识别关联交易类型，明确交易金额计算口径，以此区别重大关联交易和一般关联交易，确定适用的审批流程。重复发生或批量发生的关联交易可以签订统一关联交易协议，按照监管精神参照重大关联交易管理。重大关联交易和统一关联交易协议由金融控股公司关联交易管理委员会审查，董事会审批时需非关联董事的三分之二以上同意，独立董事要对重大关联交易发表独立意见；一般关联交易按照内部制度和授权确定审批程序，但需报关联交易管理委员会备案。要高度关注《金融控股公司监督管理试行办法》《金融控股公司关联交易管理办法》规定的关联交易禁止性行为，坚守关联交易底线。同时，《金融控股公司关联交易管理办法》第二十八条也明确了关联交易审议和披露豁免的情形，主要包括小额交易、公开市场交易、活期存款业务等。

（三）加强关联交易定价政策管理

合理的价格是防范关联交易利益输送风险的核心之一。监管要求金融控股公司关联交易的条件合理、价格公允，要求按照市场化原则，与关联方的交易定价和条件不优于同类型交易对手，明确禁止交易条件显著偏离同类交易的关联交易。金融控股公司关联交易管理部门要加强关联交易定价原则、业务背景的审查，开展关联交易合理性、公允性、有效性的论证。在实践中，借鉴上市公司关联交易定价指引，倡导"正常交易准则"，可以采取可比非受控价格法、成本加成法、交易净利润法、利润分割法等定价方式，同时参考市场同类金融服务产品的定价。重大关联交易定价政策和依据需要向监管机构报告说明,也需要在金融控股集团对外关联交易季度分析报告中重点分析和解释。

(四)加强关联交易比例限额管理

监管要求按照金融控股公司关联交易、附属机构关联交易、集团内部交易、集团对外关联交易四个类别设置关联交易比例限额。《金融控股公司关联交易管理办法》并未明确关联交易指标的定量监管要求,而是由金融控股公司自行评估论证关联交易限额的有效性和合理性,由金融控股公司董事会自行审批后向监管机构报告,采取类似"备案"管理。但应注意《金融控股公司监督管理试行办法》第三十六条附带有几项定量指标要求,包括:附属机构向金融控股公司关联方提供的融资和担保不得超过附属机构资本净额的10%或超过该关联方资本净额的20%;金融控股公司对集团外的担保余额不得超过金融控股公司净资产的10%。同时,具体的金融机构一般有各自不同的关联交易管理要求,要高度关注单个金融机构的关联交易限额,符合《银行保险机构关联交易管理办法》的监管要求。

(五)加强关联交易报告披露管理

重大关联交易和统一关联交易协议应单笔逐项报告,加强监管沟通,通过季度报告和年度报告定期向监管机构报告和向公众披露。金融控股公司应及时、准确、完整地进行报告和披露,提高透明度,降低关联交易的复杂程度。如果有需要保密的事项,不便于披露,可以向监管机构申请豁免。《金融控股公司关联交易管理办法》要求对金融控股公司关联交易、集团内部交易、集团对外关联交易三个方面进行信息披露,不包含附属机构关联交易。附属机构报告及披露责任由其自行承担,金融控股公司承担监督管理责任,对附属机构的关联交易及时监测,按季汇总,每年形成综合评价报告提交金融控股公司董事会审批。对金融控股公司关联交易、集团内部交易和集团对外关联交易需及时监测、分析,按季分析评估,年度检查总结评估报告需提交董事会审批,并向监管机构报告和公开披露。

金融控股公司关联交易报告事项和披露事项分别如表 7-2、表 7-3 所示。

表 7-2　金融控股公司关联交易报告事项

序号	报告事项	时限要求
1	金融控股公司签订重大关联交易协议	15 个工作日内
2	金融控股公司与关联方之间签订统一关联交易协议	15 个工作日内
3	金融控股公司关联交易、集团内部交易、集团对外关联交易整体情况季度报告	季度结束 40 日内
4	金融控股公司关联交易、集团内部交易、集团对外关联交易年度评估报告	董事会批准后

表 7-3　金融控股公司关联交易披露事项

序号	披露事项	时限要求
1	金融控股公司签订重大关联交易协议	15 个工作日内
2	金融控股公司与关联方之间签订统一关联交易协议	15 个工作日内
3	一般关联交易每季度合并披露	季度结束 40 日内
4	集团内部交易、集团对外关联交易整体情况季度报告	季度结束 40 日内
5	关联交易年度总体情况作为年报的一部分披露	董事会批准后

五、金融控股公司加强关联交易合规管理的措施

在金融控股公司体系内开展关联交易有利于优化资源配置，发挥综合金融功能，提高整体经济效益。但金融控股公司关联交易具有多样性、复杂性，监管要求高，管理细节多，必须不断加强关联交易管理体系建设。

（一）完善关联交易管理组织体系

建立关联交易管理"三道防线"，金融控股公司董事会对关联交易管理承担最终责任，关联交易业务部门承担直接责任，金融控股公司风险、审计等部门承担监督责任，压实关联交易发起方、业务部门、审批人、关联交易管理办公室、专职岗位、附属机构等各主体的关联交易管理责任。《金融控

股公司关联交易管理办法》对关联交易管理组织体系提出明确要求：要在董事会下设关联交易管理委员会，由独立董事担任专门委员会的牵头人；要设立关联交易管理办公室，由合规、风险、财务、业务等部门的负责人联合组成，增强关联交易管理办公室履职的独立性；要明确关联交易管理的牵头部门，并设置专岗专人。要根据监管要求建立关联交易管理制度，关联交易管理制度作为基本制度，应经董事会审批并及时报监管部门备案。

（二）强化关联交易全程监督管理

要加强关联交易全流程内控机制建设，加强关联交易识别、定价、审批、报告和披露等流程管理，做好内控制度和操作流程的衔接，确保每一笔关联交易都经过审查并符合财务规定。注重加强穿透管理，关联方穿透以控制为基础，关联交易穿透以资金流为基础。加强关联交易的动态监测和系统性分析，防止出现将重大关联交易拆分以规避审查的行为。强化关联交易审计，监管要求金融控股公司及银行保险机构每年至少对关联交易进行一次专项审计，审计结果报董事会和监事会。监管未明确证券类金融机构的关联交易专项审计要求，通过翻阅上市证券公司关联交易管理办法发现，仅有部分证券公司自行提出定期专项审计要求。加强关联交易关键人员履职的考核监督评价，强化关联交易内部控制。加强关联交易问责机制建设，对违反金融控股公司关联交易管理要求的行为进行处罚和问责，及时纠偏。

（三）全面推进关联交易风险管理

加强关联交易风险敞口监测，从集团内部交易和集团对外关联交易两个方面掌握金融控股集团关联交易风险敞口，计算可能导致的风险损失额度。定期对关联交易可能造成的风险交叉感染进行检查评估，全面排查关联交易风险隐患。加强风险隔离机制建设，设置"防火墙"，避免财务混同、人员混同导致的责任划分不清。加强关联交易的穿透识别、实质认定和动态监测，建立以资金流向为线索的全流程监控机制，防范通过隐藏关联关系、利用通道、多层嵌套等违规开展关联交易。加强关联交易定价管理，明确关联交易价格形成机制，确保关联交易价格公允，符合市场交易原则，避免利益输送。加强信息共享和数据保护，强化消费者告知义务，完善授权程序，确保金融消费者的信息数据在合理范围内共享和使用。

（四）建立关联交易管理信息系统

《金融控股公司关联交易管理办法》要求建立关联交易管理信息系统，提高关联交易的智能化水平。在建立系统时，可以将关联方清单、关联交易审批程序、关联交易风险敞口控制、关联交易信息披露等融入信息系统，实现数据录入与统计、文件归档全流程的系统化。加强数据系统互联互通，实现与人力资源系统、资金运用系统、业务审批系统、资产管理系统、财务系统等数据平台的对接，加强数据共享、交叉比对和智能提醒，避免形成数据孤岛，提高信息收集效率。2022年9月，银保监会上线了非银行机构股权监管系统，该系统具有关联交易监管职能。当前，对金融控股公司的监管职能被划入在银保监会基础上组建的国家金融监督管理总局，预计可能将金融控股公司关联交易管理纳入线上管理系统。

（五）指导附属机构关联交易管理

《金融控股公司关联交易管理办法》对关联交易的四个类型划分中不包括附属机构与金融控股公司关联方之间的关联交易和金融控股公司与附属机构关联方之间的关联交易。附属机构遵循"独立运作"原则，关联方识别，关联交易识别、定价、审批、披露、风险管理等由附属机构自身负责，但要求金融控股公司加强对附属机构关联交易的监督和指导，统筹集团系统的关联交易行为，督促附属机构满足行业关联交易监督管理规定，加强附属机构关联交易统计分析、评估检查和风险研判。为增强关联交易政策执行的统一性，金融控股公司应加强集团系统关联交易管理教育培训，提升附属机构对整体关联交易政策的理解，确保关键岗位人员熟悉关联交易管理流程。

六、结语

金融控股公司的关联交易是一把"双刃剑"，合理规范的关联交易能够提高金融控股公司的经济效率，违规过度的关联交易则可能导致利益输送、风险株连、监管套利等风险。金融控股公司合规开展关联交易，就要学会"戴着镣铐跳舞"，在协调处理好集团公司与附属机构、协同创新与金融监管、控股股东与中小股东、数据共享与隐私保护、公允定价与成本定价等关系的基础上，加强关联方识别和动态管理、关联交易业务流程管理、关联交易定价政策管理、关联交易比例限额管理和关联交易报告披露管理，形成规范的关联交易管理闭环。金融控股公司在经营管理过程中要完善关联交易管理组织体系、强化关联交易全程监督管理、全面推进关联交易风险管理、建立关联交易管理信息系统、指导附属机构关联交易管理，不断提升整体关联交易管理的科学化水平，促进金融控股公司合规稳健发展。

第八章

金融控股公司协同创新实践

综观金融控股公司的相关业务，其本身并不直接面向市场提供金融服务。发挥多业态协同优势，促进业态之间加强沟通交流，整合服务链条，降低子公司之间的利益冲突等隐性成本，进行金融产品或服务创新是金融控股公司这一组织模式最为显著的特点，也是提高我国金融业国际竞争力的重要途径。

一、协同创新的理论基础和现实意义

金融控股公司的优势在于协同，通过协同可以有效扩大服务半径，为客户提供一站式、定制化、多场景、全生命周期的专业化服务，体现"1+1＞2"的集团效应，实现规模经济和范围经济。

（一）协同是实现规模经济和范围经济的有效途径

根据《金融控股公司监督管理试行办法》，金融控股公司是指控股或实际控制两种或两种以上金融业态的金融集团。金融控股公司各业态在产品和服务上相互结合，在资金、技术上相互支持，通过进行产品联合开发、交叉销售，外部实现客户迁徙，降低获客成本，内部实现资源共享，降低交易成本，从而降低金融控股公司的整体运营成本，提高经营效率。对于客户来讲，从一个入口可以获得丰富、个性的金融服务，也更加便利快捷。

（二）协同是分业经营下开展综合经营的实践模式

随着金融业对内对外开放的深入推进，我国金融业将面临全球竞争。在全球金融综合化经营的趋势下，兼顾我国分业经营大框架的综合金融模式得到确立。金融业和基础产业同样重要，我国必须对金融业有足够的把控力，因此以金融控股公司的模式稳妥推进金融业的综合经营，是提高金融机构国际竞争力的必然选择，而实现综合经营，在业务层面最为重要的就是业务协同。

（三）业务协同有利于金融机构平滑经济周期风险

金融经营具有周期性，特别是信贷投放，具有典型的顺经济周期特征，单一金融机构容易受到经济周期的影响。金融控股公司经营多种金融业务，不同金融业务可以实现信贷跨周期稳健发展，经营组合在一定程度上能够形成稳定的经营能力。特别是在中央金融管理部门多次强调金融要在跨周期调节、服务中长期经济结构转型和高质量发展中发挥重要作用的背景下，金融控股公司协同发展可以为宏观经济提供更好的金融服务。

二、协同相关监管要求和指标分析

为落实好全国金融工作会议部署的金融工作三大任务，近年来金融控股公司监管受到持续关注。特别是安邦系、明天系、华信系、海航系等出现问题，暴露了金融控股公司内部交易可能集聚的重大风险。监管机构密集出台《银行保险机构关联交易管理办法》《银行保险机构大股东行为监管办法（试行）》《证券公司股权管理规定》等系列制度，旨在规范股东行为、内部交易行为，这些办法与金融控股公司的运营密切相关。近期，中国人民银行屡次发声正在研究建立金融控股公司内部交易监管体系，金融控股公司的内部交易也必将成为监管重点，金融控股公司在经营过程中必须未雨绸缪。

（一）协同相关监管要求

一是不得损害客户权益。金融控股公司及其所控股金融机构在集团内部共享客户信息时，应当确保依法合规、风险可控并经客户书面授权或同意，防止客户信息被不当使用。金融控股公司所控股金融机构在提供综合化金融服务时，应当尊重客户的知情权和选择权，不得损害客户权益，应当依法明确风险承担主体，防止风险责任不清、交叉传染及利益冲突。

二是不得进行监管套利。金融控股公司要按照实质重于形式和穿透原则来认定关联方，包括存在控股和控制关系的各类市场主体。不得通过掩盖关联关系、拆分交易等各种隐蔽方式规避重大关联交易审批或监管要求，不得利用各种嵌套交易拉长融资链条、模糊业务实质、规避监管规定。

三是不得进行利益输送。内部协同交易定价应该遵循商业原则，以不优于对非关联方同类交易的条件进行，避免利益输送。不得聘用关联方控制的会计师事务所、专业评估机构、律师事务所为其提供审计、评估等服务。不得为股东及其关联方违规融资、腾挪资产、空转套利、隐匿风险等。

四是控制内部融资担保。金融控股公司所控股金融机构（财务公司除外）不得向金融控股公司提供融资，也不得向金融控股公司的股东、其他非金融机构关联方提供无担保融资等。金融控股公司所控股金融机构（财务公司除外）和所控股非金融机构，不得接受金融控股公司的股权作为质押标的。

五是不得相互投资、相互持股。金融控股公司所控股金融机构之间不得交叉持股，企业集团整体被认定为金融控股集团的，集团内的金融机构与非金融机构之间不得交叉持股。不得从事非金融业务，投资实业板块受到严格限制，以严格隔离金融板块与实业板块。

六是建立有效的风险隔离机制。金融控股公司要在法人管理、资金管理、财务管理、信息管理以及人员管理等方面建立风险"防火墙"，规范成员公司之间、成员公司与金融控股公司之间的关联交易行为，防范重大风险传染与传递，避免风险的同频振荡。

七是充分披露内部交易信息。金融控股公司应该真实、准确、完整、及时地报告、披露关联交易信息，不得存在任何虚假记载、误导性陈述或重大遗漏，要充分保障金融消费者的知情权、监督权。

（二）协同监管或管理指标分析

《金融控股公司监督管理试行办法》中有一些关于金融控股公司监管指标的规定，但是目前还没有形成体系。根据《巴塞尔协议》的精神，以及我国金融审慎监管的思路，参考国家金融监督管理总局对金融机构的监管制度，对于金融控股公司的内部协同交易，从金融控股公司经营实务的层面，笔者认为应该重点关注以下几个指标。

一是客户集中度。金融控股公司内部通过协同为同一客户提供金融服务，对于单个金融机构来说可能并不会形成风险聚集，不会越过监管红线，但是对于金融控股公司整体来讲，集中度过高将导致风险聚集到企业集团，影响整体稳定性。该指标主要包括单一关联方主体集中度、关联方集团集中度和全部关联度三个维度。参考国家金融监督管理总局对金融机构的监管要求，单一客户贷款集中度是指最大一家客户贷款总额与资本净额之比，不应高于10%；单一集团客户授信集中度是指最大一家集团客户授信总额与资本净额之比，不应高于15%；全部关联度是指全部关联授信与资本净额之比，不应高于50%。当然，金融控股公司也应该计算行业集中度、区域集中度、前十大客户集中度等指标，这几个指标没有具体的监管规定，不同的机构需要根据经验值来确定。

二是关联交易集中度。协同的重要内容之一是关联交易，不当关联交易可能导致风险在不同的金融机构之间传染，建立关联交易集中度监管指标是控制风险交叉感染的主要措施。该监管指标旨在防止金融控股公司利用股东优势地位开展利益输送，在近年来打击"资本大鳄"无序扩张的背景下，关联交易集中度是监管的重点。金融控股公司体系内金融机构对母公司或兄弟单位开展授信时，要密切关注关联交易集中度。根据《金融控股公司监督管理试行办法》，金融控股公司所控股金融机构（财务公司除外）向金融控股公司其他关联方提供的融资，不得超过提供融资的所控股金融机构资本净额的10%，或超过接受融资的金融控股公司关联方资本净额的20%。根据《银行保险机构关联交易管理办法》，对一个关联法人或其他组织所在集团客户的授信余额总数不得超过金融控股公司资本净额的15%，对全部关联方的授信余额不得超过金融控股公司资本净额的50%。

三是内部融资依存度。内部融资依存度是指金融控股公司整体债务规模中，从体系内融资和依靠体系内担保增信融资规模占总融资规模的比例。金融控股公司内部金融机构"风险株连"是监管关注的重点之一，内部融资比例过高会损害金融机构的独立性。该指标借鉴了《银行保险机构关联交易管理办法》中金融资产管理公司非金融子公司的负债依存度指标，设立这一指标是为了控制金融资产管理公司非金融子公司的外部融资规模，控制杠杆率。对于金融控股公司来说，除了需要将杠杆率控制在合理范围之外，还需要控制金融控股公司或其子公司从内部融资。如果内部融资规模过高，金融控股公司体系内的金融机构就成为"提款机"，形成内部"自循环"，会出现一损俱损的局面。需要说明的是，该指标是笔者定义的指标，目前不具有监管要求，建议金融控股公司经营者在实际中作为参考。

四是内外部担保限额。该指标旨在控制金融控股公司体系内的担保规模。在金融控股公司的实际经营中，内部成员相互担保属于或有负债，而且相比于内部融资，更容易隐匿，形成风险相互传染，因此应该重点加以关注。根据《金融控股公司监督管理试行办法》，金融控股公司所控股金融机构（财务公司除外）向金融控股公司其他关联方提供的担保，不得超过提供担保的所控股金融机构资本净额的10%，或超过接受担保的金融控股公司关联方资本净额的20%。且金融控股公司对金融控股集团外的担保余额不得超过金融控股公司净资产的10%。

五是非金融业务投资比例。从《金融控股公司监督管理试行办法》的精神来看，监管有意打造纯粹型金融集团，金融控股公司的业务主要限于投资管理金融机构或与金融业务相关的机构，以往深受地方金融企业青睐的"金融＋实业"的融合发展模式受到限制。根据《金融控股公司监督管理试行办法》，金融控股公司可以投资与金融业务相关的机构，但投资总额账面价值原则上不得超过金融控股公司净资产的 15%。

三、金融控股公司开展协同的基本原则

（一）内部优先原则

内部优先原则是指优先利用金融控股公司内部市场的有效资源，降低交易成本，最大限度地激活内部市场。凡是金融控股公司内部能够提供的金融产品或服务，相关子公司或部门要优先考虑，在同等条件下优先使用或提供。或者金融控股公司总部对于利益让渡的协同主体设立一定的补偿机制，采取内部核算，提高经济效率。

（二）市场主体原则

金融控股公司体系内各公司均为独立法人，特别是在金融强监管下，股东不得干预金融机构的业务运营，因此必须充分尊重各子公司的独立法人地位。金融控股公司通过公司治理的合法机制对控股金融机构实施影响，子公司在维护金融控股公司整体利益和自身利益的前提下，自主决策是否响应业务协同需求，提供产品或服务。

（三）权责对等原则

在责任分担和利益分配上，采取市场化原则，协同双方享有平等的权利义务，均应充分履行各自的职责，按责任、贡献分配协同衍生的利益。只有符合双方的激励约束机制安排，协同机制才能从管理推动向市场推动转变。

（四）多维协同原则

从业务、人员、机构等维度，充分发挥金融控股公司多牌照的整体优势，实现不同产品、不同业务的相互交叉渗透，鼓励员工在金融控股公司系统内进行跨子公司的交流，熟悉相互之间的业务，形成有效互补与全面覆盖，促进业务协同。

（五）合法合规原则

强化风险意识，坚持各协同主体独立评审、风险自担、合规经营，严格

遵守监管部门、金融控股公司以及各协同主体的相关风险政策和制度，完善风险共管机制，切实防范关联交易风险、流动性风险、操作风险、信用风险、市场风险、声誉风险和法律合规风险等。

四、金融控股公司协同模式分析

《金融控股公司监督管理试行办法》明确规定，金融控股公司可以资源共享，包括共享客户信息、销售团队、信息技术系统、运营后台、营业场所等资源。根据资源共享深度，笔者认为协同可以分为品牌协同、管理协同、服务协同、营销协同、财务协同、资产协同、产品协同、场景协同等八个模式，每一类协同模式对资源的要求不同。金融控股公司可以根据自身的人员素质、管理经验和资源禀赋，选择逐步推进。

（一）品牌协同

这是基础协同、天然协同，金融控股公司内部由于股权关系纽带，能够清晰地让市场产生品牌联想，实现品牌溢价。金融控股公司体系内子公司在进行产品业务营销时，能够借助强势品牌提高认知度。品牌协同具体包括两种模式：一种是一个体系一个品牌，如中国平安，平安银行、平安保险、平安证券、平安普惠等共享"平安"字号；另一种是"双品牌"模式，如北京金控集团、上海国际等，不同的金融机构均有各自的品牌体系。

（二）管理协同

金融控股公司内部建立一套统一的管理体系，总部可以统筹推进科技系统、人才培训、劳动人事、办公空间、后勤服务、新闻公关等共性管理工作，节约各子公司的管理成本。特别是科技信息系统的开发，对于提高协同能力本身具有重要作用，需要在金融控股公司层面加大投入，降低数据信息收集成本。

（三）服务协同

金融控股公司内部各机构之间还可以相互提供专业的金融服务，包括信用评估、资产评估、精算服务、法律服务、咨询顾问服务、信息服务、审计服务、技术和基础设施服务、财产租赁以及委托或受托销售等。金融控股公司内部相互了解，服务效率更高。

（四）营销协同

营销协同是金融控股公司最为重视的协同模式，是最能够发挥金融控股公司优势、体现金融控股公司特点的业务方向。在一个金融控股公司的内部，以客户为中心，深度挖掘客户需求，可以为客户提供银行、保险、证券、信托等多元化服务。通过交叉销售，推动客户迁徙，扩大给子公司的客户资源、深挖客户需求。

（五）财务协同

金融控股公司加强对子公司的财务管控，为子公司提供担保增信支持、流动性支持、资本支持，提高子公司的融资能力、偿债能力。金融控股公司系统开展资金的统一配置，提高资金利用效率。金融控股公司与子公司、子公司之间开展投资、借款、存款、资金拆借、担保等，降低财务成本。

（六）资产协同

资产协同是指资产内部交易、重组、置换、租赁，资产主要包括自用动产与不动产、信贷资产、收（受）益权、抵债资产等。金融控股公司子公司的经营模式不同，对资产的要求不同，有的金融机构适合重资产，有的金融机构适合轻资产，可以在金融机构之间进行调整。且资产交易等在内部进行，定价协议等更容易达成，各机构的功能能够更好地发挥。

（七）产品协同

产品协同是指针对客户的个性化需求，金融控股公司内部多个金融机构协同开展产品研发，将多种业务形态融于一个产品，以一个形态服务客户，金融控股公司通过内部核算分享收益。产品协同与营销协同的不同之处在于，营销协同注重用各子公司的现有产品满足客户多元化的金融需求，产品协同注重金融控股公司内部先协同开发一个产品，以此满足客户的多元化需求，对于客户来讲更加便利高效。

（八）场景协同

场景协同是指金融控股公司将多业态金融服务融于一个物理的或虚拟的服务场景，建立一个"流量"入口，打造能够实现客户导流或促进交叉销售的协同生态场景，为客户提供一站式服务。一种是基于线下网点搭建金融消费场景，比如光大集团就依托物理网点建设了"光大超市"，打造包括"展示、咨询、交易"三大功能的综合服务场所，为集团融融协同、产融协同、产业协同三大协同提供服务。另一种是利用互联网、云计算、大数据等构建线上金融消费生态，建设开发 App、官方网站等，比如平安、支付宝，一站式提供支付、理财、保险、消费贷、存款等金融服务。

五、对金融控股公司开展协同的意见和建议

金融控股公司开展协同创新有利于扩大经营优势，建立"护城河"。但是从以上分析来看，金融控股公司开展协同的限制很多、监管严格，《金融控股公司监督管理试行办法》中就明确规定 29 个 "不得"，必须从顶层设计上加以考虑，严格遵守各项监管要求，严防金融风险内部蔓延。

（一）成立协同专职协调管理部门

在金融控股公司总部层面成立部门负责统筹业务协同管理，制定业务协同战略与策略，组织、领导、推动业务协同工作。摸清家底，正如金融展业要"了解你的客户""了解你的业务""尽职调查"，开展协同要明确金融控股公司体系内的金融资源，以及各金融资源的业务功能，明确各业务板块的客户群体和客户需求。建立健全常态化的协同交流机制，深入研究协同需求，推进实施协同线索督办机制。

（二）建立协同交易内部管理机制

建立协同管理制度，融合监管要求、风险防控需求，规范协同定价、审查、回避、报告、披露、审计和责任追究等内容，完善协同交易内控机制，优化协同交易管理流程。协同流程应该简便易行，若结构设计复杂、业务关

联度过高、内部依赖性过强，则会导致风险在内部传递，不易发现、不易控制。要让子公司、业务部门直接协同、缩短链条，创新协同部门参与服务、撮合交易、解决难点。要编制协同案例，根据金融控股公司的资源形成典型模式。

（三）建立协同收益分配补偿机制

本着"收益共享、风险共担、成本共摊"的原则，协同业务中产生的收益由各参与协同的主体协商确定。协商存在问题的，总部协同管理部门可以根据业务的重要程度、协同主体的综合贡献率等实际因素确定。为促进协同开展，金融控股公司总部也可以设立协同专项考核机制，单独给予资金、政策等资源配置方面的倾斜。因整体利益需要，协同相关参与方利益有所让渡的，应该在绩效考核中予以认账补偿。

（四）加强产品标准体系建设

加强成熟金融产品的量化标准建设、非标业务的产品准入门槛建设，构建市场定位精准、客户筛选清晰、风险管控到位的产品标准化目录和客户分类目录。通过对客户进行细化分类，总结出针对各类客户的标准化业务拓展模式，形成简单适用的产品手册，使集团体系在业务拓展协同时有章可循。

（五）开展跨平台产品开发

从金融市场的竞争趋势来看，客户需求越来越多样，对综合金融服务的要求越来越高。金融控股公司具有为客户提供银行、金融租赁、信托、担保、保险、基金、期货等一揽子综合金融服务的能力，要通过协调各平台间的合作，开发各种综合化金融产品。要充分利用牌照优势，将产品和服务嵌入企业产业链，由点及面，打通客户现金流，增加原有服务的广度和深度，实现从单一客户本身寻找收益向从客户所在产业链寻找收益的转化。通过为客户提供"量体裁衣"式的金融服务，变被动为主动，提升客户忠诚度。

（六）尊重子公司的独立法人地位

金融控股公司子公司均是独立法人，要严格遵循《银行保险机构大股东行为监管办法（试行）》的相关规定，规范持股行为、治理行为、交易行为，每年对股东行为进行评估。内部协同交易要以内生需求为出发点，金融控股公司层面负责撮合对接，子公司自主决策、自愿协同，不能搞"拉郎配"，也不能"棒打鸳鸯"。

（七）构建完善协同生态

整合获客渠道，聚焦核心客户链式营销，加强各业务板块之间的联系和互动，建设统一的客户服务体系，实现业务高效流转。通过全生命周期的客户管理，及时掌握客户需求变化，实现集团整体业态对客户全场景、全时段的覆盖，形成高效的协同生态圈。绘制金融控股公司"资源地图"，编制协同案例及协同模式指导书，全景式呈现整体服务业态，形成服务基础"菜单"和定制化"菜单"，丰富协同工具箱。

（八）建立风险内部传染防控机制

建立松紧适度的内部协同交易机制，把握好"隔离"尺度，隔离过松会带来风险隐患，不利于稳健经营，隔离过严则会阻碍协同，降低经营效率。要在符合监管要求的情况下，坚持质量优于效率、质量优于价格的基本原则，满足自身的风险偏好，设定风险限额，建立监测预警机制，防范风险在成员公司之间的累积和传递，做到风险可测、可控、可承受，并且要将协同纳入金融控股公司整体风险监管，确保总体风险可控。

六、结语

综观金融控股公司的相关业务，其本身并不直接面向市场提供金融服务。发挥多业态协同优势，整合服务链条，进行金融产品或服务创新是金融控股公司这一组织模式最为显著的特点，也是提高我国金融业国际竞争力的重要途径。以上结合金融控股公司旗下不同金融机构的特点，提出金融控股公司开展协同的五项基本原则、八种协同模式，并对金融控股公司协同实务中应注意的问题提出意见和建议。

第九章

金融控股公司资本管理探析

2023年3月10日，美国硅谷银行宣告破产，引起全球金融市场动荡，这是2008年国际金融危机以来应声倒下的众多美国银行中最大的一家。硅谷银行是SVB金融集团的核心成员，除全球性商业银行外，SVB金融集团还拥有SVB私人银行、SVB资本和SVB证券，是一家全球性的金融控股公司。由于硅谷银行破产的连锁反应，2023年3月17日，SVB金融集团迅速向法院申请破产保护。大量专家对SVB金融集团的风险成因进行了分析，认为逃避监管、监管不足是重要原因之一。根据我国《金融控股公司监督管理试行办法》，金融控股公司应该加强自身及所控股金融机构的资本管理，使集团整体的资本与资产规模和风险水平相适应。金融控股公司资本充足性核算是资本监管的核心，应该引起高度重视。目前国内对于金融控股公司的资本监管有大量研究成果，但具体到金融控股公司资本核算实际操作层面的研究成果还比较缺乏。

一、金融控股公司资本充足性核算的难点

根据《巴塞尔协议》的精神，金融监管应该以资本为核心。我国加入WTO以后，根据国际规则和实际情况，逐步建立起银行业资本监管体系，银行风险计量水平、资本实力等得到有效提升，但由于分业经营、分业监管，金融业统一的资本监管规则尚未确立。金融控股公司作为金融综合经营

模式，其资本核算必须考虑各类型金融机构，存在跨机构、跨行业等难题，目前我国金融控股公司资本并表管理配套机制还不够完善。

（一）资本监管标准不统一

当前，在监管实践中，银行、保险公司、证券公司三类主要金融机构的监管标准不完全一致。银行监管以资本为核心；保险公司监管以偿付能力额度为核心；证券公司监管以净资本和风险资本准备为核心。考察金融控股公司整体的资本充足情况时直接进行资本加总存在技术障碍，必须结合现有监管指标进行对应的转换，针对金融控股公司的业务特点探索金融控股公司资本充足性核算的系统方式。在实际操作中，2009年发布的《商业银行资本充足率计算指引（第3次征求意见稿）》规定，在核算银行集团的资本充足率时，对保险公司、证券公司采取扣除办法，不纳入资本并表体系。根据2023年2月发布的《商业银行资本管理办法（征求意见稿）》，在核算银行集团的资本时，没有将保险公司纳入并表范围，并就扣除并表资本制定了具体操作规则。根据我国的《商业银行法》，由于目前我国银行集团控股证券公司还处于探索研究阶段，还没有银行集团控股证券公司的案例，故《商业银行资本管理办法（征求意见稿）》并未特别考虑银行集团控股证券公司的资本核算处理方式。

（二）存在资本高估问题

合格资本是指能够抵补风险的资本，与会计报表体系的资本定义存在差异，这就导致了资本高估的问题。因此，基于会计报表体系核算金融控股公司的资本总量时需要进行相应的扣减，主要包括所有者权益中不能用于抵补风险的资产和资本重复计算的部分。所有者权益中不能用于抵补风险的资产包括商誉、部分无形资产、净递延税资产等。资本的重复计算主要指以下情况：一项资金从金融控股公司注入到金融子公司，子公司在金融控股公司体系内交叉持股，金融子公司再投资金融企业等。这就存在一笔资金多次使用和重复计算的问题。另外，也应该考虑可吸收损失的潜在资源，注意资本缓释工具的计算。

（三）非金融机构资产资本核算难以形成统一框架

根据《金融控股公司监督管理试行办法》，金融控股公司对非金融机构的投资不得超过净资产的 15%。根据美国、英国等国外金融控股公司的监管实践和我国对银行集团、金融资产管理公司、金融资产投资公司等的监管要求，非金融资产一般不纳入资本并表监管体系。金融控股公司对非金融机构的投资又分为两类，一类是实业板块投资，另一类是类金融机构投资。在我国的金融实践中，存在一些小额贷款公司、担保公司、融资租赁公司等类金融机构，这些类金融机构同样从事金融业务，具有明显的金融杠杆属性，因此应该从审慎的角度将类金融机构纳入金融控股公司资本并表管理范围。然而，实业板块不纳入金融控股公司资本并表管理范围，类金融机构没有资本核算体系以及资本要求如何界定，又带来了新的问题。

（四）是否纳入并表管理范围的判断标准较为灵活

实践中，金融控股公司与旗下金融机构的股权关系较为复杂，在持股低于 50% 的情况下，对控股的判定具有一定的灵活性，留下部分自由裁量空间，使得纳入并表管理范围的机构不完全能够体现金融控股公司的整体资产及风险状况。金融控股公司并表管理包括会计并表、资本并表、风险并表，但三者的并表范围不完全一致。会计并表是并表管理的基础，并表范围根据我国会计准则确定；资本并表依靠会计并表和风险并表提供数据基础，并表范围依据资本监管规则确定；风险并表范围依据风险状况判断确定，除会计并表范围外，还包括能够对金融控股公司产生重大影响的被投资机构。并表规则不统一可能导致重复计算或遗漏，带来管理上的不便。

二、金融控股公司资本充足性核算的基本框架

资本管理是一整套从理念到技术的管理体系，涉及监管核心指标的界定及计算、资本评估程序、资本治理要求、资本监督检查，整个管理工作的核心是资本充足性核算。

（一）核心指标

目前，国际上对于金融控股公司资本充足性的核算主要采用资本充足率和资本适足性比率两种类型的核心指标。资本充足率核算主要考察合格资本撬动的风险资产规模，这种方式较为常见，我国对银行业资本监管的核心指标也是资本充足率。联合论坛 2012 年发布的《金融集团监管原则》建议核算整个金融集团的资本充足率。美国《多德－弗兰克法案》要求建立统一的资本充足率标准，对所有金融控股公司实行相同的最低资本充足率要求。资本适足性比率主要考察合格资本与风险资产最低法定资本要求的比例，日本、我国台湾地区采用资本适足性比率作为资本核算的核心指标。

（二）核算方法和程序

根据联合论坛发布的《金融集团监管原则》，按照金融控股公司的类型、结构以及财务数据获取情况，推荐审慎评估法、以风险为基础的加总法、以风险为基础的扣减法三种金融控股公司资本充足性核算方法。第一种是审慎评估法，以金融控股公司合并会计报表为基准，以合并财务报表列示资本（按规定扣减不纳入并表范围的资本）为金融控股公司整体实际资本，再将金融控股公司整体资产划分为银行类、保险类、证券类以及非监管实体类资产，分别核算法定最低资本要求，加总得到金融控股公司整体法定最低资本要求。第二种是以风险为基础的加总法，将金融控股公司母公司和并表范围所有主体报表列示资本加总，扣减交叉持股、不纳入并表范围的扣减项等得到金融控股公司整体实际资本，将纳入金融控股公司并表范围的各个主体分别核算的法定最低资本要求进行加总，得到金融控股公司整体法定最低资本要求。第三种是以风险为基础的扣减法，金融控股公司母公司报表列示资本扣减对子公司的账面投资金额，加上子公司资本盈余，按规定扣减不纳入资本并表范围项目，得到金融控股公司整体实际资本，并表范围各主体分别核算法定最低资本要求，加总得到金融控股公司整体法定最低资本要求。

（三）并表管理范围

联合论坛要求在金融控股公司集团层面进行资本充足性评估。美国要求一定规模以上金融控股公司的资本核算范围涵盖所有子公司（包含特殊目的载体）。欧盟按照金融控股公司与子公司的关系将并表分为全部并表、按比例并表和酌定并表三种情形。日本要求金融控股公司将所有纳入会计并表范围的金融机构都纳入资本充足性核算范围。根据《金融控股公司监督管理试行办法》，我国以企业会计准则和资本监管规定等为基础进行并表管理。同时，《金融控股公司监督管理试行办法》第二十五条规定了金融控股公司不控股但也需纳入并表管理范围的三种情形，第一种情形是多个被投资机构加总的风险对金融控股公司产生重大影响，第二种情形是单一被投资机构的业务风险对金融控股公司产生重大影响，第三种情形是通过境内外所控股机构、空壳公司及其他复杂股权设计成立的、有证据表明金融控股公司实质控制或对该机构的经营管理存在重大影响的其他被投资机构。根据我国对资本并表范围的规定，建议将金融控股公司中部分具有明显金融杠杆属性的非监管实体纳入并表监管体系。

（四）核算框架

在分业监管模式下，金融控股公司资本核算难以直接穿透证券公司资产，对金融控股公司体系内保险公司、证券公司等的资本特别是风险资产的核算将难以实现。因此，在资本充足性定量指标上，无法核算资本充足率，只能选择核算资本适足性比率。在并表范围选择上，除金融机构外，建议按照实质重于形式原则和审慎原则，将部分具有金融杠杆属性的类金融机构列入并表管理范围，对其他实业资产采取技术手段进行扣除。在核算方法和程序上，我国监管规定金融控股公司应该进行会计并表管理，以获取金融控股公司合并财务报表，因此审慎评估法、以风险为基础的加总法、以风险为基础的扣减法三种方法均可以使用。由于审慎评估法最为简便、逻辑较为清晰，建议选择审慎评估法为主要方法，以金融控股公司合并财务报表列示资本（按规定扣减不纳入并表范围的资本）为金融控股公司整体实际资本，并表范围各主体分别核算法定最低资本要求，加总得到整体法定最低资本要求。通过比较整体实际资本和整体法定最低资本要求，可以考察金融控股公司整体的资本充足情况。在此基础上，采取以风险为基础的加总法、以风险为基础的扣减法进行验证。

三、金融控股公司资本充足性核算的操作要点

为强化并表监管，应核算金融控股公司整体及单个机构的资本充足性，核心是资本适足性比率和资本盈余（或赤字）两个指标。金融控股公司资本充足性核算的核心是核算实际资本数额、法定最低资本要求，实际资本数额除以法定最低资本要求即为资本适足性比率，实际资本数额减去法定最低资本要求即为资本盈余或赤字。

（一）实际资本核算

实际资本核算应该先从资本的定义出发，资本是指金融机构自身拥有或能够永久支配、使用的资金。金融控股公司及旗下机构的资本可以从会计报表中找到对应的科目，主要包括实收资本或普通股、资本公积、盈余公积、一般风险准备、未分配利润、资本工具等。因为会计报表的资本科目中包含一些不能用于抵补风险的资产，所以需进行扣除，如商誉、部分无形资产、净递延税资产、损失缺口准备、持有的本机构股票等。为避免重复计算，应扣减金融控股公司对并表机构的资本投资。对不纳入资本并表范围的企业，要从资本中扣除对其的资本投资。对于金融控股公司及并表机构少数股东的权益应酌情处理，少数股东在其出资额度内对公司负债承担清偿责任时，其权益应该纳入金融控股公司整体资本核算，否则就应该从资本中予以扣除。

（二）最低资本要求核算

对于银行、金融租赁公司、金融资产管理公司、财务公司等适用资本监管规则的金融机构，按监管要求需定期向监管机构报送资本报表，并进行披露，不会增加额外工作量。这类机构的资本核算较为清晰，按照对应的监管规则分别计算信用风险加权资产、市场风险加权资产、操作风险加权资产、其他风险加权资产，合计得到总体风险加权资产，总体风险加权资产乘以该

类型机构的监管最低资本充足率要求就得到监管最低资本要求。为统一核算口径，考虑保险公司、证券公司资本转换，对于适用资本监管规则的机构，建议核算并表资本时应包含一级资本和二级资本。

（三）保险公司最低资本要求核算

保险公司监管以偿付能力为核心，可以探索通过一定的转换，实现对保险公司最低资本要求的核算。根据《保险公司偿付能力管理规定》，保险公司综合偿付能力充足率是指实际资本与最低资本的比值，要求综合偿付能力充足率不低于100%。虽然保险公司实际资本的定义与资本监管体系下金融资本的定义不完全一致，但都是指能够吸收损失的资金；保险公司最低资本是监管根据保险公司资产情况要求保险公司应当具有的最低资本数额。因此，保险公司实际资本可以对应金融资本规模，最低资本对应法定最低资本要求。根据保险公司监管规则，实际资本、最低资本均是监管报送指标。

（四）证券公司最低资本要求核算

根据《证券公司风险控制指标管理办法》，证券公司监管以净资本和风险资本准备为核心，要求净资本与风险资本准备的比例不得低于100%。按照《证券公司风险控制指标管理办法》的定义，净资本是在证券公司净资产基础上对资产负债等项目和有关业务进行风险调整后的风险指标，是经综合核算得出的证券公司可实际支配使用的资本数额指标，这个定义与金融资本的定义类似。核算风险资本准备要求时，是将证券公司各项业务按照规定的比例进行综合计算，类似于商业银行采取指标法核算风险资本要求。因此，建议以证券公司净资本对应金融资本规模，风险资本准备要求对应监管最低资本要求。根据证券公司监管规则，净资本与风险资本准备均是监管报送指标。

（五）资产管理类金融机构最低资本要求核算

信托公司、公募基金、保险资产管理机构等金融机构的业务主要是对受托的投资者财产进行投资和管理。根据《中国人民银行办公厅关于进一步明确规范金融机构资产管理业务指导意见有关事项的通知》相关定义，这些机构的业务具有明显的资产管理属性，因此可以参考《商业银行资本管理办法（征求意见稿）》，在计量资产管理类金融机构的资本时，根据条件分别适用穿透法、授权基础法和1250%的权重。如能获取底层资产的详细情况，可穿透至相应的底层资产，适用相应的权重；如不满足穿透计量要求，可适用授权基础法，根据资产管理产品募集说明书等信息划分底层资产大类，适用相应的权重；如前述两种方法均无法适用，则适用1250%的风险权重。

（六）类金融机构最低资本要求核算

根据《金融控股公司监督管理试行办法》，金融控股公司的主要业务为对金融机构的股权投资，此外也可以投资与金融业务相关的非金融企业，非金融企业资产在金融控股公司财务并表总资产中不得超过15%，但并未明确可以投资的机构类型。截至2024年6月，已经批准持牌经营的3家金融控股公司中，北京金融控股公司对外投资13家企业，除北京农村商业银行（持股9.99%）和中信建投证券（持股34.61%）、晟鑫期货经纪公司（持股51%）外，其余10家企业均为非金融持牌企业。在现行监管体制下，小额贷款公司、担保公司、融资租赁公司等类金融机构还没有相应的资本监管规则，但这类公司具有明显的金融属性，对金融控股公司整体风险具有重要影响，因此建议根据实质重于形式原则，按照业务性质，将具有金融杠杆属性的类金融机构纳入金融控股公司整体资本核算范围，将不具有金融杠杆属性的类金融机构以一般工商企业处理。在核算方式选择上，建议具体考量机构的业务性质，小额贷款公司、融资租赁公司等参照银行类机构核算资本充足性，金融资产交易平台等参照资产管理类机构核算资本充足性。

四、加强金融控股公司资本充足性管理的意见和建议

随着金融控股公司被纳入国家金融监督管理总局监管，我国金融监管体制得到进一步完善，金融控股公司持牌监管审批预计也将提速。同时，SVB金融集团事件也警示我国加强金融控股公司的风险监管，监管部门需要加速

细化以资本为核心的监管规则，其战略意义在于以资本约束为核心，建立一套覆盖金融控股公司体系的规模扩张约束机制，以期更好地控制金融风险。

（一）完善资本监管制度体系

证券公司、保险公司是金融控股公司的重要组成部分，鉴于当前我国证券业、保险业监管还不是以资本监管为核心，还无法统一核算证券业、保险业的风险加权资产，进而也无法核算金融控股公司整体的风险加权资产，无法核算整体资本充足率，不利于对金融控股公司整体的风险抵御能力进行更加精细化的判断，因此建议完善金融控股公司的资本管理制度。

（二）从公司治理层面建立资本管理组织架构

金融控股公司应该从治理架构、制度体系、主要风险识别与评估、资本规划、资本充足性压力测试等方面，全面搭建资本充足性评估程序框架，明确董事会、高级管理层和各职能部门在资本充足性评估中承担的职责，将财务并表、资本并表、风险并表统筹考虑，不断完善资本管理流程和工作方法。在科技信息系统建设中，应该统筹设计资本核算系统，提高资本核算效率和自动化水平。

（三）将经济资本管理要求融入经营战略

金融控股公司在经营管理中应形成资本约束理念，考虑业务发展的资本要求，建立经济资本预算机制，使资本规模与风险偏好、风险管理水平相适应。完善风险识别与评估、资本规划、资本充足性压力测试、资本配置和资本监测的方法论和工作体系，制定资本管理规划，优化资本配置，确保资本管理的科学性、前瞻性和有效性。探索建立可持续的资本补充机制，积极推动资本债券发行，不断提升资本充足水平，为业务的持续发展提供资本支撑。

（四）持续完善风险评估模型

风险资产核算反映金融控股公司的整体风险水平和持续经营能力，而标准权重法核算难以真实反映机构的风险状况。因此建议有条件的金融控股公司提高风险管理的精细化水平，探索使用风险计量高级方法，完善内部风险评估模型，提高违约风险判断的准确性，增强标准法与高级方法的逻辑一致性，提升计量的敏感度。

（五）完善并表风险隔离机制

金融控股公司推行并表管理，对旗下金融机构承担资本补足义务，这意味着金融控股公司体系风险的一体性，金融控股公司以并表资产对外承担风险。为防止交叉感染，保持问题机构风险的有限传导，阻断"一荣俱荣、一损俱损"的信用链条，金融控股公司需要加强法人、人事、信息、财务和关联交易等"防火墙"，摒弃传统企业集团强管控模式，建立金融机构自我经营、自我约束、自负盈亏的高度自主管理机制，保持任用、考核自主权，保障财务、资金独立性，推动业务往来、关联交易、信息共享等行为公允、透明，避免利益输送、隐匿风险、监管套利，强化各主体经营责任划分和独立承担。

五、结语

《金融控股公司监督管理试行办法》明确规定金融控股公司的资本应与资产规模和风险水平相适应，这对金融控股公司资本充足性的定量核算具有现实意义。在我国当前的监管体系下，本章提出建立适合我国金融控股公司特性的资本核算框架：在指标选择上，建议以资本适足性比率和资本盈余两个指标衡量金融控股公司的资本充足性；在并表范围上，针对金融控股公司综合经营的特点，建议基于实质重于形式原则和审慎原则，将具有金融杠杆属性的机构均纳入资本并表体系，并分别给出保险公司、证券公司、资产管理类金融机构、类金融机构等的最低资本要求核算方式；在技术方法选择上，建议以审慎评估法为主，以金融控股公司合并财务报表列示资本（按规定扣减不纳入并表范围的资本）为金融控股公司整体实际资本，并表范围各主体分别核算法定最低资本要求，加总得到整体法定最低资本要求，并采用以风险为基础的加总法、以风险为基础的扣减法进行验证。值得注意的是，目前我国还没有发布金融控股公司专项资本管理制度，本章提出的计算框架只适用于金融控股公司的内部管理以及为政策制定者提供意见和建议，同时为了解金融控股公司的整体资本状态提供数量参考，不具有监管意义。金融控股公司资本并表范围选择、合格资本界定、整体法定资本要求、各机构法定资本要求、不适用资本监管规则的金融及相关机构的资本转换规则等还需要不断探索和明确，完善金融控股公司的资本监管还需要各方进行更加深入的探讨。

第十章

金融控股公司集团管理模式

2020年9月11日，国务院发布《关于实施金融控股公司准入管理的决定》，同时，中国人民银行发布《金融控股公司监督管理试行办法》，标志着我国正式将金融控股公司纳入金融监管。《金融控股公司监督管理试行办法》发布以来，中国人民银行陆续受理中国光大集团、中国中信集团、北京金融控股集团、深圳市招融投资控股和中国万向控股等5家企业对金融控股公司牌照的申请。截至2024年6月，共有3家金融控股公司获批，金融控股公司合规运营管理成为现实课题。《金融控股公司监督管理试行办法》明确金融控股公司的主要业务为对所投资的金融机构进行股权管理，相对于一般企业集团对旗下子公司的股权管理，监管机构对金融机构的股东有加重责任要求。《金融控股公司关联交易管理办法》限制了金融控股公司内部的协同交易，对金融控股公司内部交易行为治理提出了更高的要求，传统财务管控、战略管控和运营管控三种集团管控模式均不能完全适用于金融控股公司对于旗下控股金融机构的管理。本章从金融控股公司经营管理者的角度，分析对金融机构股权的监管要求，明确监管的限制性规定，试图提出金融控股公司对所投资金融机构股权管理的新模式，推动金融控股公司的管理思路从传统企业集团的"管人、管事、管资产"向"管资本""管风险"转变。

一、相关概念及理论

在相当长的时间里，我国在法律上对金融控股公司和金融机构的概念界定并不明确。为研究金融控股公司对所控股金融机构的股权管理，准确界定研究范围，需要从厘清相关概念出发。

（一）主流集团管控模式

金融控股公司对所投资金融机构的股权管理属于产权理论范畴。国外学者科斯等提出交易成本理论，解释了企业的存在和边界。国内学者张维迎在《理解公司：产权、激励与治理》等书中研究了产权与公司治理，提出我国公司治理结构的有效性安排。在集团管控方面，国外学者迈克尔·古尔德等在《公司层面战略：多业务公司的管理与价值创造》一书中指出，企业集团中母公司与子公司的关系应该如一个家庭中父母与子女的关系，关于母公司对子公司的管理提出了财务管控、战略管控和运营管控三种管控模式。陈志军（2006）等国内学者从我国实际情况出发，提出了治理型母子公司控制模式、行政管理型母子公司控制模式和自主管理型母子公司控制模式。

（二）金融控股公司加重责任制度

在19世纪末期，美国各州普遍采取了商业银行双倍责任制，银行股东在银行资不抵债时不仅失去股权投资，而且需要承担额外的责任。2008年国际金融危机过后，美国《多德－弗兰克法案》通过力量之源原则、生前遗嘱制度、循序清理权与单一进入点策略等具体制度，以立法形式确立了对金融控股公司的加重责任要求。从我国《金融控股公司监督管理试行办法》等监管制度传达的监管精神来看，实质上采取了股东自担金融机构剩余风险、股东做出资本维持承诺、股东权益限制等制度，均是股东加重责任的监管实践。在理论研究上，由于我国将金融控股公司纳入金融监管的时间不长，国内对金融控股公司加重责任的研究尚不充分，相关法理基础、制度构架、实施路径等还不够明确。曾思（2021）认为金融控股公司承担加重责任突破了《公司法》中股东有限责任的规定，我国初步发展的金融控股公司加重责任制度可以被认为是一种"中间型"的金融机构股东加重责任制度，这一制度设计存在缺陷，可能导致较高的社会成本，应予以矫正，并从资产分割理论的视角提出金融控股公司加重责任的理论基础与制度完善建议。

（三）股东权益范围

股权是投资人投资公司而享有的权利，来源于投资人对投资财产的所有权。从法理上讲，股权分为自益权和共益权。自益权主要是财产权，如股息和红利的分配请求权、新股优先认购权、剩余财产分配权、依法依规转让出资的权利等。共益权是股东以参与公司经营为目的，或者说是以个人利益为目的兼为公司利益而行使的权利，主要包括表决权、代表诉讼提起权、临时股东会召集权与主持权、提案权、质询权、股东会和董事会决议无效诉讼提起权、查阅公司章程及簿册的请求权、公司解散请求权等。

二、金融控股公司对控股金融机构管理的监管要求

金融控股公司对控股金融机构的股权管理，不同于一般企业集团对下属公司的股权管理，后者以利润创造为中心，而金融控股公司要承担更多的责任，金融监管机构对金融机构的股东有加重责任要求。金融机构具有外部性，国内外学者从理论角度论证了加重金融控股公司的责任有利于缓解道德风险，降低金融业的投机倾向，提高金融机构的稳定性。

（一）金融机构股权管理相关制度梳理

金融控股公司不仅要遵守中国人民银行发布的《金融控股公司监督管理试行办法》等相关规则，还必须符合具体金融机构的监管规则，这些规则散布在银保监会、证监会等出台的相关制度中，对股东资质、股东责任、资本补充要求、持股比例限制、股权质押限制等提出了系列要求。目前规范金融控股公司股权管理的主要制度如表10-1所示。

表 10-1　我国现行关于规范金融机构股东行为的制度文件

文件名称	发布日期	发布部门
《金融控股公司监督管理试行办法》	2020 年 9 月	中国人民银行
《金融控股公司董事、监事、高级管理人员任职备案管理暂行规定》	2021 年 3 月	中国人民银行
《银行保险机构大股东行为监管办法（试行）》	2021 年 9 月	银保监会
《金融控股公司关联交易管理办法》	2023 年 2 月	中国人民银行
《关于加强非金融企业投资金融机构监管的指导意见》	2018 年 4 月	中国人民银行、银保监会、证监会
《商业银行股权管理暂行办法》	2018 年 1 月	银监会
《证券公司监督管理条例》	2014 年 7 月修订	国务院
《证券公司股权管理规定》	2021 年 3 月修订	证监会
《保险公司股权管理办法》	2018 年 4 月修订	银保监会
《关于加强商业银行股权质押管理的通知》	2013 年 11 月	银监会
《非银行金融机构行政许可事项实施办法》	2023 年 10 月	国家金融监督管理总局
《银行保险机构公司治理准则》	2021 年 6 月	银保监会

注：2018 年 4 月，根据国务院机构改革方案，银监会和保监会合并为银保监会。2023 年 3 月，根据国务院机构改革方案，在银保监会基础上组建国家金融监督管理总局。

（二）金融控股公司对金融机构股权管理的限制性要求

一是资金来源限制。对于一般企业的股权投资，并不对资金来源进行识别，可以采取并购贷款、委托资金、股份代持、并购基金、信托基金等方式，利用杠杆进行股权投资，也可以采取非货币出资方式。但对于金融机构的股权投资，《金融控股公司监督管理试行办法》以及国家金融监督管理总局、中国证监会等关于金融机构股权管理的办法均明确，要以合法自有资金投资控股金融机构，不得对金融机构进行虚假注资、循环注资，不得抽逃金融机构资金，监管机构还将对资金来源进行审查。监管规定对银行、非银行金融机构以及保险机构不得以实物出资，但对证券公司出资有一定的例外。根据《证券公司监督管理条例》，可以以证券公司经营必需的非货币财产出资，非货币财产出资总额不得超过证券公司注册资本的30%。

二是股权流转限制。对于一般企业集团转让持有的股权资产，按照《公司法》的要求，只要遵循公司章程规定即可，除规定其他股东具有优先认购权外，一般可以自由转让。但是对于金融机构来说，股权的稳定性影响金融机构的稳定性，监管积极引导金融机构股东进行长期投资和价值投资，对于金融机构股权交易设置了一定的限制，要求维护金融机构股权结构的相对稳定，要求主要股东取得金融机构股权后五年内不得转让，且控股权的转让必须得到监管许可。根据《证券公司股权管理规定》，证券公司股权交易中不得含有"对赌协议"。

三是持股比例限制。从监管精神来看，监管不希望金融机构的股东"一家独大"，鼓励金融机构建立多元化的股权结构，对持股比例和持股机构数量都做出了规定。在持股同类型金融机构数量上，银保监会对银行有"两参一控"的要求，对非银行金融机构和保险机构有"一参一控"的要求，中国证监会对证券公司有"两参一控"的要求。在对金融机构的持股比例上，对于城商行，银保监会要求原则上单一股东及关联方的持股比例不高于20%；对于民营银行，监管实践上目前要求单一股东持股不超过30%；对于农商行，要求单一股东及关联方的持股比例不超过10%；对于金融租赁公司，要求发起人中至少有一名符合规定的股东条件且持股比例不少于30%；对于证券公司，要求单个非金融企业的持股比例不超过50%；对于保险公司，要求单一股东的持股比例不超过三分之一。当然，从目前金融机构股东的实际情况来看，由于历史遗留原因，有一些机构超出了以上比例的限制。

四是股权质押限制。股权质押是企业融资时正常的商业行为，在《公司法》框架体系内对股权质押没有特别限制，也不会因为质押失去部分股东权益。金融股权作为股东的重要资产，容易得到资金融出方的认可，是优质的押品。但监管对股东出质金融机构的股权做出了一些限制。银保监会规定银行保险机构大股东质押银行保险机构股权数量超过50%时，即丧失在董事会和股东大会上的表决权，且银行保险机构大股东不得以所持银行保险机构股权为股东自身及其关联方以外的债务提供担保。中国证监会规定，证券公司股东在股权锁定期内不得质押所持证券公司股权，锁定期满后，质押比例不超过 50%。

五是交叉持股限制。交叉持股容易导致循环出资、虚增资本，反向持股可能导致公司治理关系游移，加大监管难度。根据《金融控股公司监督管理试行办法》，金融控股公司所控股金融机构之间不得交叉持股，金融控股公司所控股金融机构不得再成为其他类型金融机构的主要股东，不得反向持有金融控股公司股权。《银行保险机构大股东行为监管办法（试行）》规定，银行保险机构大股东与银行保险机构之间不得直接或间接交叉持股。

六是实业投资限制。在我国的金融实践中，"金融+实业"的投资搭配成为一些企业集团的战略重点，通过利用金融工具和金融创新，帮助实业企业加大杠杆。但部分企业盲目扩张，由此也产生了一系列问题。例如，明天系、华信系、泛海系、海航系、宝能系等野蛮生长，造成了很多负面影响，引起监管机构的高度重视。《金融控股公司监督管理试行办法》正式确立了我国纯粹型金融控股公司的定位，明确金融控股公司以投资金融业务为主，不得投资非金融业务，以严格隔离金融板块与实业板块，避免风险交叉感染。从完善业务布局的角度，监管允许金融控股公司投资与金融业务相关的机构，但投资总额账面价值原则上不得超过金融控股公司净资产的 15%。

七是内部交易限制。现代经济学理论一般认为，交易成本理论可以解释企业集团的形成动因。根据科斯的交易成本理论，有组织的市场交易可以节约成本，企业集团作为一种经济组织，是对市场机制的替代，通过前向或后向一体化，把原来属于市场交易的某些环节内部化，以此获得规模效应、垄断优势以及多元化经营优势。金融控股公司的内部交易受到监管的严格限制，内部交易数量、定价机制等有细致的监管制度，因此交易成本理论不能完全解释金融控股公司形成的原因。《金融控股公司监督管理试行办法》以及银行、保险、证券等股权管理规定等也明确规定严禁进行不当关联交易，或利用影响力获取不正当利益。2023 年 2 月，中国人民银行发布《金融控股公司关联交易管理办法》，提出关联交易的系统性管理方案，内部交易限制的监管指标要求更加明确。

八是集团管控限制。人事安排、绩效考核、财务管控、目标管理、行政管控等一般企业集团对下属企业的集团管控手段并不能完全适用于金融控股公司。监管要求金融机构保持独立性，金融控股公司作为金融机构的控股股东哪怕是全资控股也不能干涉金融机构的经营，对于控股金融机构的管理要求必须通过股东大会、董事会、监事会等公司治理机制表达，不得干预金融机构的工作人员选拔，不得干预金融机构的内部考核，不得干预金融机构的决策程序，不得干预金融机构的财务会计管理，不得干预金融机构的目标管理。金融控股公司的董事、监事、高级管理人员的任职也需要符合规定条件，实行备案管理。

（三）金融控股公司对金融机构的补充性责任

一是资本维持承诺。《金融控股公司监督管理试行办法》《银行保险机构大股东行为监管办法（试行）》等监管制度要求金融控股公司、所控股金融机构以及集团整体的资本应当与资产规模和风险水平相适应，持续符合监管要求。并要求金融控股公司建立对金融机构的持续资本补充机制，当所控股金融机构资本不足时，应当为其及时补充资本。《金融控股公司监督管理试行办法》规定，金融控股公司可以发行合格资本工具，为金融控股公司补充资本开拓路径。监管同时规定，如果金融机构需要补充资本，而金融控股公司无法履行补充资本义务时，不得阻碍其他投资者进入，此时金融控股公司将丧失《公司法》规定的股东对增加或者减少注册资本做出决议的权利。

二是自担剩余风险。自担剩余风险的制度安排是指，如果出现破产清算局面，而当时金融机构的净资产又不足以偿付存款人的全部存款时，发起人自愿承诺以企业净资产或者实际控制人的净资产对存款人的存款给予赔付。根据《公司法》第三条、《企业破产法》第三十一条和第三十二条、《民法典》第五百三十八条，公司财产具有独立性，无须为子公司剩余风险承担责任。但金融机构股东在特定情况下，需要为其剩余风险提供清偿安排。比如民营银行，监管要求主要股东发起设立民营银行时必须制定自担剩余风险的制度安排。对于民营银行以外的金融机构，目前尚没有股东自担剩余风险的制度安排。2020年10月，中国人民银行时任行长易纲在《金融助力全面建成小康社会》一文中表示，问题金融机构出现重大金融风险后，股东首先承担损失，股东权益清零后依然存在缺口的，由相关大债权人依法分摊。由此可见，对于民营银行以外的金融机构，股东还是以投资权益为限承担有限责任。

三是生前遗嘱制度。金融机构股东需要针对金融机构提前制定合法可行的风险处置和恢复计划，明确出现重大风险时的风险化解、债务清算和机构处置等安排，即生前遗嘱。《金融控股公司监督管理试行办法》第四十七条、第四十九条规定金融控股公司需要制定恢复和处置计划，即通常所称的生前遗嘱制度，中国人民银行有权要求其向金融机构补充资本金或转让其股权。2021年6月，银保监会发布《银行保险机构恢复和处置计划实施暂行办法》，要求银行保险机构提前制定恢复和处置计划，主要通过股东救助等解决资本和流动性短缺，标志着我国银行业和保险业的生前遗嘱制度逐渐成为监管共识。

四是力量之源原则。根据美国《多德－弗兰克法案》的力量之源原则，金融机构股东，特别是控股股东是承担最终风险的力量之源，必须具备相当的经营管理能力和财务能力，以确保能够及时救助陷入困境的金融机构。我国《金融控股公司监督管理试行办法》规定，金融控股公司所控股金融机构违反审慎经营规则，财务状况显著恶化，严重危及自身稳健运行，损害客户合法权益时，金融控股公司有义务帮助其所控股金融机构恢复正常营运。金融控股公司未主动履行救助义务的，监管机构有权要求金融控股公司采取注资、转让股权等适当措施进行自救。为确保力量之源原则能够实施，监管要求金融机构的控股股东要实力雄厚，具有持续出资能力，对金融机构控股股东的总资产、净资产、最低资本、净资产比例、持续盈利性等做出了具体要求。

三、金融控股公司对控股金融机构的集团管控模式分析

金融控股公司对于控股金融机构的管理存在诸多限制，因此其集团管控模式与一般企业集团存在差别。探索金融控股公司对控股金融机构的管理需要厘清管理责任边界，建立既符合监管要求又能够实现管理意图的管控新模式。

（一）金融控股公司管理金融机构的监管要求

一是资本并表管理。监管对金融控股公司的资本实行穿透管理，向上核查金融控股公司的资本来源，向下核查其所控股金融机构的资本来源。要求金融控股公司对资本和杠杆率等进行全面持续的管控，资本规模要与资产规模和风险水平相匹配，资本充足率指标要持续符合监管要求。目前，金融控股公司资本计算标准、资本充足率要求等还不明确，有待进一步探索。

二是风险并表管理。要求金融控股公司建立全面风险管理体系，涵盖可能面临的各类风险，覆盖所控股的所有金融机构，督促所控股金融机构加强全面风险管理。要建立风险偏好体系，明确风险容忍度，建立清晰的风险管理目标，将各类风险指标和风险限额分配到所控股金融机构，并及时对所控股金融机构的风险状况进行监控和处置。

三是风险隔离机制。由于金融控股公司风险交叉感染的特性，监管要求金融控股公司建立与金融机构之间的"防火墙"，强化金融机构的独立性，坚持分业经营的基本格局，强调公平交易和公允价格原则，对具有实际控制权的金融机构进行穿透管理，不得为股东及其关联方违规融资、腾挪资产、空转套利、隐匿风险等。

四是集团授信管理。金融控股公司要统筹协调体系内各金融机构对同一企业和企业集团的授信工作，建立体系内信息共享和联合授信机制，建立关联企业识别机制，建立集中度管理与大额风险暴露管理机制，设置集中度风险预警线，防范在金融控股公司内部出现"垒大户"现象，避免信用风险过度集中，影响金融机构的稳定性。

五是完善公司治理。监管要求金融控股公司具有简单、清晰、可穿透的股权结构，建立完善的公司治理机制，通过股东大会、董事会、监事会等公司治理机制合法、有效地参与金融机构的管理，审慎使用对金融机构董事、高级管理人员的提名权，鼓励将党的领导与公司治理机制相融合，有效维护金融机构的独立运营。

（二）主流集团管控模式适用性分析

在集团管控理论和实践方面，一般认为迈克尔·古尔德的管控三分法是主流理论。根据管控的深入程度，从低到高分为财务管控、战略管控和运营管控，管控三分法也成为众多咨询公司分析集团管控模式的主要工具。

一是财务管控模式适用性分析。财务管控模式是指主要以财务指标对成员企业进行管理和考核，注重监控成员企业的投资回报，注重通过收购处置等优化投资组合，追求价值最大化。《银行保险机构大股东行为监管办法（试行）》第十四条要求大股东不得干预银行保险机构的财务、会计活动，因此金融控股公司对银行保险机构的财务指标进行考核和管理存在违规风险。且从上文分析来看，金融控股公司处置旗下金融机构股权的限制颇多，优化投资组合不能自由快速实施。因此，财务管控模式不完全适用于金融控股公司对控股金融机构的管理。

二是战略管控模式适用性分析。战略管控模式是指以战略规划为主，集团总部指导子公司的战略规划与执行，通过人力资源控制、财务资源调配、内部之间的关联交易等实现战略目标。战略管控模式的核心是总部制定总体战略，通过人力、财务资源调配以及考核推动各成员企业的战略执行。对于金融机构来讲，虽说监管上并没有禁止控股股东对金融机构的战略进行把控，金融控股公司能够通过公司治理机制影响金融机构的战略制定、评估和调整，但在要求金融机构保持独立性的大前提下，人事安排、绩效考核、财务管控、目标管理等推动战略执行的手段均受到限制，如《银行保险机构大股东行为监管办法（试行）》就规定银行保险机构大股东不得向其下达经营计划或指令。由此可见，对于金融控股公司来说，战略管控模式中的诸多管控工具将不能使用,很多战略管控环节难以深入,容易违反金融机构独立经营的要求。

三是运营管控模式适用性分析。运营管控模式是指建立一个强有力的集团总部,对成员企业的日常经营运作进行管理,监控各业务单元的关键财务指标和运营指标,是一种集权型的控制模式。运营管控模式明显有违金融机构独立经营的原则,监管要求金融控股公司对旗下金融机构的管理不能深入具体业务,不能涉及具体运营,因此运营管控模式不适用于金融控股公司对控股金融机构的管理。

(三)金融控股公司对金融机构的管理模式探析

从以上分析可以看出,对于金融控股公司而言,主流的财务管控、战略管控和运营管控三种管控模式均存在管控工具受限的问题,可能影响金融机构的独立经营,不能完全适用于金融控股公司对控股金融机构的管理。根据监管要求,金融控股公司对旗下金融机构能够实施的是资本管理、风险管理,这些管理要通过公司治理渠道实施。因此,可以将这三者加以结合,建立"以资本管理推进目标管理,在风险管理中融入战略意图"的管控新模式,并通过公司治理机制推动管控模式的实现。该模式可以简称为"资本风险管控"模式,以此加强对金融机构的合规有效管理。

一是以资本管理推进目标管理。一般企业集团对下属公司的目标管理主要以利润为中心,实践中主要管控利润、规模等指标。在金融控股公司对旗下金融机构的管理中,直接下达利润、规模等指标存在一定的合规风险,监管明确要求把服务实体经济作为投资金融机构的目标。由于利润与资本积累有高度的关联性,建议将利润目标融入资本管理目标中,从资产增值目标向资本增值目标转变。金融机构的资本主要来自权益资本和利润留存两部分,由实收资本、资本公积、盈余公积、未分配利润、优先股、资本债等构成,从资本来源看,一般都需要股东的积极支持。在经营实践中,金融机构也需要制定资本管理计划和规划,金融控股公司可以指导金融机构制定资本管理目标,将利润目标要求转化为资本增值要求。

二是在风险管理中融入战略意图。在一般企业集团中，为推动集团战略的实现，一般还需要管控下属公司的业务经营，但金融控股公司直接管理控股金融机构的业务存在一定的合规性风险。根据《金融控股公司监督管理试行办法》，在金融控股公司对下属金融机构的管理方面，风险管理最为细致，要求金融控股公司加强并表风险管理，建立集团风险偏好，确定整体风险容忍度，并穿透式地将集团风险管理要求分配到控股金融机构，指导旗下控股金融机构制定全面风险管理政策。因此，为合规实现金融控股公司的业务管理诉求，可以将经营方向、业务布局、业务投向等融入金融控股公司整体风险偏好、风险政策、风险限额等的制定，并将相关要求合规穿透到控股金融机构，指导金融机构在其自身风险偏好、风险政策、风险限额等方面契合金融控股公司的预期，以此体现整体战略的一致性。

三是通过公司治理机制实施管控意图。金融控股公司对旗下金融机构的资本管理和风险管理均需要在公司治理的框架下实施，形成良好的内部控制机制，杜绝行政式管控方式。金融控股公司委派合格的股东代表参与金融机构的公司治理，通过股东会、董事会及相关专门委员会、监事会等决策机构，依法依规履行决策程序，推进资本增值目标和风险管理目标的下达、监控、反馈、调整和考核。资本管理上，金融控股公司确定整体资本规划和资本布局，指导金融机构建立资本管理制度、资本管理规划、年度资本管理计划、资本分配考核机制，将利润增长要求转化为资本增长要求，强化资本约束，完善资本登记核算。风险管理上，金融控股公司制定整体风险政策，指导旗下金融机构制定全面风险管理办法、风险政策、风险偏好，融入金融控股公司业务发展要求，建立季度风险报告机制，确立风险考核挂钩制度，确保金融控股公司体系内风险管理的一致性。

四、关于金融控股公司加强控股金融机构管控的意见和建议

股权管理是金融控股公司的主要业务，与一般的企业集团相比，监管对

金融控股公司的股权管理有诸多可为、必为和必不可为的要求，股东的自益权和共益权行使均不完全，经营者需要确立正确的管控模式，明晰权责、有机隔离，不断提升金融控股公司的规范化运作水平。

一是完善法人治理结构。由于金融控股公司对控股金融机构的管控必须通过公司治理机制实施，因此完善金融控股公司和旗下金融机构的公司治理架构极为重要，要高度重视股东代表选任和履职管理，以公司章程和议事规则为主要抓手，建立科学的决策机制，确保"三会一层"各司其职、有效制衡。要高度重视董事会建设，增强董事会的影响力。董事会作为现代企业的日常决策机构，是各项管控措施能够顺利实施的中枢，董事会在保障金融机构独立运作、自主经营的原则下贯彻股东意图。要加强高级管理层的责任约束，确保高级管理层对董事会负责，防范"内部人控制"。要保持股权结构的简单、明晰、稳定，避免链条过长、交叉持股、股份代持。

二是确立正确投资理念。对金融股权流转的限制，说明对金融机构的投资不能够快进快出，不适合"投机者"，我国监管部门也频频发声要控制"野蛮人"进入金融领域，避免将金融机构变成"提款机"。在严监管的导向下，金融控股公司要树立长期投资、稳健投资、价值投资和责任投资的理念，改变过度逐利目标，坚持围绕服务实体经济、防控金融风险、深化金融改革三大任务，不断完善和丰富金融供给，推动稳健经营、稳健发展。

三是明确管理职责边界。金融控股公司总部一般设立有业务管理部门，对体系内整体的财务会计、资金运用、品牌文化、信息系统等进行管理。如果不对管理职责加以界定和控制，很容易形成行政式管控，影响金融机构的独立性。因此，金融控股公司需要建立专项制度，明确管理职责边界，建立管理措施实施渠道，以市场化、制度化的方式履行管理职责，确保对金融机构的管理不缺位、不越位、不错位。

四是强化资本杠杆控制。以《巴塞尔协议》为代表的国际金融管理规则都将资本管控作为约束金融机构扩张的核心，以此控制高杠杆的信用扩张冲动。目前，金融控股公司的资本核算和监管要求都不明确，金融控股公司的经营者要未雨绸缪，探索建立以资本充足率和杠杆率为核心的资本管理机制，强化资本约束，建立持续资本补充机制，以自有资金投资金融机构，确保对金融机构的投资行为与资本规模、经营管理水平相适应。

五是加强全面风险管理。风险管理是金融控股公司的主要职能和核心竞争力之一，也是金融监管机构关注的重点。《金融控股公司监督管理试行办法》要求金融控股公司建立全面风险管理体系，确定风险管理目标，明确各类风险的风险容忍度和风险限额。金融控股公司在经营中需要建立与自身战略目标、组织架构、业务模式等相适应的全面风险管理体系，完善风险治理机制，将各项公司管理要求穿透到控股金融机构，以风险统筹推动业务发展。

六是强化风险隔离机制。金融控股公司内部金融机构之间具有一定的风险株连性，当一家子公司发生风险时，可能出现风险传染，导致风险的放大和失控。因此，金融控股公司要保持金融机构的独立性，强化风险隔离，包括金融控股公司与其所控股金融机构之间、其所控股金融机构之间的风险隔离，加强内部融资、担保等事项管理，对体系内的交叉任职、同业往来、信息共享、营业设施共享等进行合理隔离，建立法人、人事、信息、财务和关联交易等"防火墙"。

七是加强信息系统建设。在大数据、云计算、区块链等信息科技大量运用于金融管理的时代，金融科技成为核心竞争力之一。金融控股公司要加快信息科技和股权管理的深度融合，建设大数据平台，把资本和风险管理要求融入业务系统、财务系统，实现风险数据归集、比对、维护的高度自动化，发挥大数据技术在风险识别和监测等方面的重要作用。

八是建立协同创新机制。利用多业态协同优势，整合服务链条，进行金融产品或服务创新，发挥规模经济和范围经济效应，是金融控股公司这一组织模式最为显著的特点。根据《金融控股公司监督管理试行办法》，金融控股公司内部可以开展资源协同共享，包括共享客户信息、销售团队、信息技术系统、运营后台、营业场所等资源，创新金融服务模式。金融控股公司需要在风险隔离和业务协同中找到平衡。

五、结语

金融控股公司对旗下金融机构管控的限制颇多，股东权益行使的规范性要求较高，财务管控、战略管控、运营管控等主流集团管控模式均不能完全适用于金融控股公司。本章从监管要求出发，认为金融控股公司可以合规加强控股金融机构的资本和风险管理，提出要转变思维模式，将利润目标转化为资本增值要求，将业务偏好转换为风险偏好，合规地将股东意志穿透到控股金融机构。笔者将该管控模式称为"资本风险管控"模式，并进一步提出，管控路径要摒弃行政式直接管控，通过内部控制机制、公司治理机制等施加影响。对于上市金融机构的管理，需要遵循中国证监会的系列监管规则，其股权转让和股权质押等某些方面存在一定的不同之处，需要在经营实践中加以注意。对于国有背景的金融控股公司，还需要注意将党的领导和公司治理机制有机结合，发挥党组织的政治核心和领导核心作用，明确党组织议事程序、议事范围，将党组织前置决策要求融入"资本风险管控"模式。

此外，加重金融控股公司的责任有利于防控金融风险，但对于金融控股公司加重责任制度如何确保利益平衡，还需要我国金融理论和实践界不断探索和完善。对一般金融机构来讲，持牌经营意味着特许业务，但当前金融控股公司持牌经营并没有特许业务，且除股权管理外没有具体的业务范围，要求金融控股公司做出资本维持承诺、股东承担剩余风险、遵循生前遗嘱制度、股东权益受限、实业投资受限、以服务实体经济为目标等可能并不符合金融控股公司的自身利益，金融集团在持牌中能够获取的经营优势难以体现，可能导致金融集团持牌经营的动力不强，不利于吸引投资者特别是非国有资本投资者参与金融控股公司的投资，难以形成长期的资本补充机制。由于金融机构对资本的持续要求，金融机构本身的分红意愿不强、分红比例不高，单靠长期股权投资难以支持金融控股公司的资本持续投入。因此，对金融控股公司提出加重责任要求的同时，需要积极探索金融控股公司的经营模式、业务模式、盈利模式，在分业经营的整体框架下寻找中国特色金融混业经营的突破口，促进良性稳健内生发展，提高金融控股公司的市场竞争力，以良好的经营机制助力我国金融控股公司参与国际金融竞争，提高我国的金融话语权。

第十一章

金融控股公司并表监管

金融控股公司成立的理论基础在于业务协同创造的规模经济和范围经济效应，但伴随而来的是风险株连、利益输送和监管套利等问题。近年来，硅谷银行、签字银行、瑞士信贷、美国第一共和银行破产等国际金融风险事件说明，金融集团可能高估自身的风险抵御能力，对集团整体的风险状态、资产状况等评估不足。金融控股公司跨机构、跨业务、跨区域的特点，要求必须从整体层面把控风险。金融控股公司并表监管就是从集团整体层面强化风险管控的政策工具，是金融控股公司监管的核心和重点。并表监管涉及金融控股公司经营管理的各方面、全过程。在行业发展初期，准入机构陆续增多，在经营管理模式探索之时明确并表监管要求，将其融入治理结构搭建、科技信息系统建设、全面风险管理体系建设等之中，对于提升金融控股公司的管理效率具有重要意义。

一、金融控股公司并表监管的内涵

金融控股公司是由多个单一的金融法人机构组成的金融集团体系，规模大、业务多、范围广，其综合化经营这一身份特性注定对金融控股公司的监管必须是跨越单一机构的"并表监管"。并表监管的理念就是把金融控股公司当成一个整体，穿透独立法人合并监管，通过并表监管要素工具掌握金融控股公司及其附属机构的全部业务活动状况和整体风险状况，构建整体风险视图。并表监管要素包括公司治理监管、资本监管、关联交易监管、风险集中度监管、风险隔离监管等，旨在不断规范金融控股公司的经营行为，提高金融系统的稳定性。《金融控股公司监督管理试行办法》以一个专门的章节规范并表管理与风险管理，要求以并表管理为基础，通过会计并表、资本并表、风险并表分别对资产、资本、风险进行持续、穿透的监管，对金融控股公司整体经营和风险状况进行全面和持续的监控。

二、金融控股公司并表监管面临的问题和挑战

单一机构监管难以满足金融控股公司综合金融业态持续穿透风险监测的需要，而我国分业经营、分业监管的现实导致部分金融监管规则的分割，金融控股公司并表监管要完成综合金融监管的使命和任务面临一些困难和挑战。

（一）并表监管实施细则缺失

2020年9月国务院将金融控股公司纳入监管以来，监管部门陆续出台了《金融控股公司监督管理试行办法》《金融控股公司董事、监事、高级管理人员任职备案管理暂行规定》《金融控股公司关联交易管理办法》等监管制度，补齐了我国金融监管的短板。2020年9月，在国务院政策例行吹风会上，中国人民银行对金融控股公司监管政策进行了说明，表示将出台金融控股公司并表监管细则。但因金融控股公司并表监管涉及的要素较多，管理体系复杂，我国目前还没有成体系的金融控股公司并表监管制度。

（二）整体风险加总技术缺失

会计并表提供了财务信息，但财务会计信息难以直接反映资本信息和风险信息，并表监管定量化深入实施存在技术障碍。金融控股公司的经营业务横跨银行、保险、证券等各类型金融机构，各业务的资本管理规则不一，保险和证券类金融机构还没有建立起资本充足性核算规则，金融控股公司的整体资本核算存在技术障碍。金融控股公司的各类业务风险各异，集团授信规

则还未建立,信用风险、流动性风险等各类风险敞口的计算规则不一,风险资产的定义有差异,相关风险数据难以直接加总,风险统一视图难以形成。

(三)并表管理信息系统缺失

金融控股公司的业务复杂多样,必须依靠科技信息系统完成庞杂数据信息的汇总和分析。截至 2024 年 6 月,监管部门共批准 3 家金融控股公司持牌经营,机构总量较少,还没有成熟的金融控股公司并表管理信息系统服务解决方案。部分金融控股公司分别开发了财务信息系统、内部管理信息系统、风险管理信息系统、内部控制信息系统、业务拓展信息系统,各系统关注一域的工作、解决一项问题,各系统的信息节点未打通,信息共享不够,存在交叉和漏项,形成信息孤岛,统一视角下的并表管理系统还需要进一步整合。

(四)综合金融监管机制缺失

2023 年金融监管格局重构以来,我国形成了"一行一局一会"的金融监管整体框架。中国人民银行负责宏观审慎监管,国家金融监督管理总局和中国证监会承担微观审慎监管、行为监管、机构监管职能。中国人民银行目前已基本剥离机构监管任务,仅从宏观政策上指导综合金融监管,但存在落实"最后一公里"的问题。银行、保险、证券等仍处于分业监管框架下,监管规则、监管理念、监管风格等还不够统一,地方金融组织的监管责任还在地方政府。金融控股公司要用统一的并表监管规则,强化对各类型金融机构的穿透管理存在政策障碍。如《金融控股公司关联交易管理办法》关于关联方的识别就未穿透到附属机构的关联方,附属机构的关联方与金融控股公司开展关联交易是否遵照该办法存在进一步明晰的空间。

三、金融控股公司并表监管的方案建议

2023 年 2 月,中国人民银行发布《金融控股公司关联交易管理办法》,提出金融控股公司内部交易的具体规范,防止风险传染和蔓延,是并表监管

理念和方法的具体应用。巴塞尔委员会、联合论坛等国际金融组织出台了金融控股公司并表监管的总体框架,对我国金融控股公司监管提供了良好借鉴。借鉴国内外并表监管经验,加强金融控股公司并表监管体系建设,从整体层面识别、计量、监测金融控股公司的抗风险能力具有迫切的现实需求。

(一)科学界定并表监管范围

建议以实质重于形式原则和穿透原则,从控制权和风险影响两方面界定并表监管范围,一方面将具有实际控制权的金融机构纳入并表范围,另一方面将对金融控股公司风险具有重大影响的金融机构纳入并表体系。"7+4"类地方金融组织是我国地方金融控股平台的重要组成部分,融资租赁、小额贷款、担保等地方金融组织具有明显的金融杠杆属性。此前银保监会已经涉足对地方金融组织监管政策的制定,将其纳入统一监管框架,但地方金融组织目前不在监管规定的金融控股公司机构类型中,并表监管的有效性缺少重要一环,建议进一步完善监管政策,将地方金融组织纳入金融控股公司并表监管范围,强化金融监管的中央事权。在对金融控股公司并表范围的审查上,可以借鉴和引入"或遵守或解释",对不纳入并表范围的机构需特别解释说明。

(二)并表监管关键核心要素

研究金融控股公司监管制度传达的监管精神可知,资本充足、股东实力、独立经营、协同创新、风险隔离等是金融控股公司监管关注的重点,并表监管可以从这些要素出发。资本管理方面,要建立资本评估体系,制定资本管理规划,强调资本对规模扩张的约束,强化金融控股公司及其股东的资本补充责任。行为管理方面,重点是加强公司治理机制建设,完善集团系统组织构架,规范股东行为。风险管理方面,要加强贯穿各层级机构的全面风险管理体系建设,制定集团整体风险政策和风险偏好,高度重视集团整体风险集中度。关联交易管理方面,要加强关联交易识别、流程控制、定价管理、限额管理、信息报告和披露等核心环节的管理。协同创新管理方面,要谨防监管套利、利益输送等问题,加强风险隔离机制建设。

(三)并表监管指标体系设计

并表监管是从财务、资本、风险层面持续关注金融控股公司的整体抗风险能力,建议分别设置相应的指标,强化量化监管。财务指标方面,建议关注盈利能力、资产负债水平、资产规模、资产结构等指标,加强财务分析,确保维持健康的财务结构。资本指标方面,建议关注金融控股公司及附属机构的实际资本、最低资本要求、资本缺口,持续保障整体资本充足。风险指标方面,建议重点关注客户集中度、关联交易集中度、内部融资担保限额、大额风险暴露等风险株连类指标,同时关注信用风险、流动性风险、操作风险、市场风险、声誉风险、减值准备、拨备计提等共性风险指标。

(四)并表监管推进实施机制

建议通过现场检查和非现场检查,分析金融控股公司的财务状况、风险状况、资本充足性,关注金融控股公司公司治理的有效性,评估金融控股公司并表管理的有效性。建立并表监管报告机制,要求金融控股公司定期报告并表范围、公司治理信息、财务状况、整体风险分析、关联交易情况、资本充足情况等内容。建立并表管理信息披露机制,强制定期披露相关并表监管信息,提高金融控股公司的透明度。建立金融控股公司监管评级体系,从财务并表、资本并表、风险并表等方面分析金融控股公司的整体抗风险能力,实行评级管理,评级结果与业务权限挂钩。加强与境外金融监管机构的合作,加强跨境机构的监管协调,建立监管信息共享机制。强制要求金融控股公司建立恢复和处置计划,考虑危急情况的运营恢复能力。

(五)统一各类机构风险度量

不断完善和统一覆盖各金融业态的财务会计、资本核算、风险计量规则,从金融业务属性、业务特点的角度设计风险度量指标,使各项数据具有可比性,同时也为行为监管提供工具抓手。当前,《金融控股公司监督管理试行办法》列示的六类机构中,除证券类金融机构外,基本由新组建的国家金融监督管理总局监管,为其承接金融控股公司监管创造了良好条件。为强化综合金融监管,要重点加强与证券业的监管协调,完善证券类金融机构的资本管理机制，强化信息共享，提高监管效率。

四、金融控股公司面对并表监管的管理机制建设

当前，金融控股公司监管职能纳入以银保监会为基础组建的国家金融监督管理总局，原银保监会具有丰富的银行集团、保险集团、金融资产管理公司并表监管经验，预计金融控股公司并表监管细则将加速出台，金融控股公司应提前应对。同时，并表管理也是金融控股公司加强集团系统整体风险管理的重要工具。

（一）不断完善公司治理机制

金融控股公司公司治理的有效性是确保行为规范的基础，是并表监管的重要方面。金融控股公司必须建立并表管理组织体系，明确股东会、董事会、监事会、经理层的并表管理责任，指定牵头部门负责落实并表监管要求。特别注意要保持附属金融机构的高度独立性，并表管理等集团管控要求只能通过公司治理机制传导。因此，要建立金融控股公司及其附属机构一致的公司治理构架，确保组织管理架构能够上下衔接，各项并表管理措施能够顺畅实施。建立金融控股公司体系并表管理重大事项报告机制，提升并表管理信息的及时性、有效性。加大审计监督力度，内部审计部门要对并表管理的有效性加强监督。

（二）完善全面风险管理体系

全面风险管理体系建设是金融控股公司并表管理的核心要素之一，也是维护金融控股公司稳健经营的基础。金融控股公司应加强全系统风险偏好、风险政策、风险容忍度的制定和传导，确保整体风险战略的一致性。加强统一授信机制建设，指导和规范金融控股公司各机构的授信限额，防范大额风险暴露。加强关联交易管理，强化关联交易动态识别、流程管控、公允定价等管理。建立适当的转换规则，加强各机构风险敞口加总。健全金融控股公司及其附属机构的整体风险监测机制，尤其是加强流动性风险监测，提高流

动性风险管理能力。加强风险压力测试，模拟金融控股公司体系内风险可能的传染路径，强化风险隔离机制建设。

（三）加强整体资本优化配置

资本是体现金融机构风险抵补能力的重要资源，监管要求金融控股公司对附属金融机构承担持续资本补充、危机救助等加重责任。金融控股公司必须从战略层面制定资本管理规划，统筹集团体系资本配置，避免资本重复使用，强化附属机构的资本约束，关注少数股东资本的稳定性，控制合理的杠杆水平，限制业务规模的无序扩张。加强整体资本核算机制建设，定期评估整体资本充足情况，指导各附属机构保持资本充足。探索开展"轻资本"消耗业务，优化整体表内外资产结构，提高资本回报。探索建立可持续的资本补充机制，加强资本管理工具的运用。

（四）提高财务会计信息质量

财务会计信息真实准确是并表管理的基石，定量管理的基础数据来源于财务数据。按照企业会计准则编制的会计报表难以直接满足并表监管的要求，资本构成、风险资产等都难以在报表列示项目中直接取数，会计报表附注披露的内容也不能够解释风险信息，并且如果金融控股公司体系内不同的法人金融机构聘请不同的审计事务所——不同审计机构的审计标准有差异，可能导致审计结论的可比性不足和数据整合的困难，从而影响并表管理质量。因此，建议金融控股公司及其附属机构采用同一财务审计机构，结合资本核算、风险计量要求调整会计报表列示项目，进一步明确会计报表附注内容，提高审计报告的可读性。

（五）统筹管理信息系统建设

金融控股公司加强科技信息系统建设，既是提高管理效率的需要，也是监管的刚性要求，目前监管部门在各项制度中明确要求金融控股公司建立财务管理、关联交易管理、内部管理等信息系统。金融控股公司应全盘考虑系统集成，在科技信息系统建设之初统筹设计业务协同系统、财务系统、风险管理系统、关联交易管理系统、人力资源管理系统、内部管理系统，科学规划系统结构，预留充足的开发空间，提高信息集成效率，避免后期不断通过系统外挂形式被动满足监管要求。加强金融科技开发，探索大数据、云计算、大语言模型等前端科技的应用，提高金融数据的资产价值。

五、结语

并表监管是防控金融控股公司多业态风险交叉感染的监管理念，是国内外综合金融监管的有效手段，是监测、管理、防控金融控股公司整体风险的重要抓手。2020年9月，我国将金融控股公司纳入金融牌照管理，并表示将制定相应的并表监管细则，通过并表监管纲举目张把控金融控股公司的整体风险抵御能力。随着金融控股公司准入加快推进，将金融控股公司并表监管理念转变为并表监管规则迫在眉睫，金融控股公司也需未雨绸缪，为更为严格的并表监管做好准备。

第十二章

金融控股公司服务实体经济路径

实体经济是国民经济的基石,发展实体经济是促进社会福祉提升的根本。2017年7月,习近平总书记在全国金融工作会议上强调:"金融是实体经济的血脉,为实体经济服务是金融的天职,是金融的宗旨,也是防范金融风险的根本举措。"金融控股公司作为我国金融体系的重要部分,助力实体经济发展不但是我国设立金融控股公司的"初心",也是金融工作的着力点,提升服务实体经济的能力是金融控股公司经营发展的核心要义。金融控股公司要加速推动金融供给侧结构性改革,找准方向,强化服务意识,加强社会资金归集,正确引导资金回归本源,发挥自身优势,加大对科技创新、先进制造、绿色低碳产业、数字经济、中小微企业、乡村振兴、现代农业、养老产业等方面的综合金融支持,精准定位实体经济需求,创新金融产品和金融服务,筑牢全链条的风险防控体系,切实提高金融助力实体经济发展的水平。

一、金融服务实体经济存在的问题

(一)金融服务覆盖面不足

我国有序推进金融改革发展,金融服务供给总量不断增加,但在市场结构、经营理念、创新能力、服务水平等方面还无法充分满足经济高质量发展的要求,金融资源的分配可能不足以满足所有实体企业的需求,特别是中小型和微型企业,它们往往难以得到足够的融资支持。

（二）部分资金脱实向虚

从金融与实体经济的关系看，在实体经济结构性失衡、盈利能力下降的情况下，大量货币资金在金融系统自我循环，导致资本的市场价格波动频繁，而部分企业不但依赖金融杠杆搞非理性扩张，而且将产业资本过度投入到金融行业，使资金脱实向虚。

（三）服务收费过高

由于金融机构的高成本运营和对高利润的追求，会将融资服务的负担转嫁给实体企业。由于监管对利率的限制，一些机构可能将成本转化为服务费项目，进一步增加了企业的融资难度，提高了企业的融资成本。

（四）经营理念偏差

一些金融机构怕担责任、怕担风险，错误地认为信贷支持制造业、"三农"产业、个体工商户是低效率、高风险的，过分依赖政府平台贷款和房地产贷款，对战略性新兴产业和新经济、新业态的研究不够，在战略性领域未能有效突破，信贷结构调整步伐缓慢，实体经济信贷业务存在"空心化"问题。

二、金融控股公司服务实体经济的现实意义

金融的活力与效率，直接影响经济发展水平和速度。金融控股公司具有丰富的金融资源，可以通过协同整合不同牌照的功能为实体经济服务，有利于更好地防范化解风险、优化资源配置、降低交易成本。

（一）满足多元金融需求

实体产业的金融需求是多方面的，单一金融机构越来越难以满足实体企业综合化的金融需求。"股、贷、债、保、担"等金融服务分别满足企业不同成长阶段的需求，综合金融服务可以为科创企业提供从初创期、成长期到成熟期的全生命周期金融服务方案。

（二）优化实体资源配置

实体经济面临着转型和结构调整的需求，僵尸企业、产能过剩等诸多问

题也亟待解决，这些都需要发挥金融服务实体经济的作用，通过有效配置资源推动实体经济和金融之间的充分互动，提升经营效率，降低交易成本。实体经济反过来又能够为金融发展提供更多可支配的资源和经济剩余。

（三）推动建立现代产业体系

建立现代产业体系，推动关键核心技术攻关是漫长的过程，需要投入大量资金。综合金融体系具有连接科技、产业、资本的枢纽功能，能够撬动资本集中的杠杆，将社会上的闲置资金引导到实体经济，不断为现代产业体系浇灌金融"活水"，形成"科技—金融—产业"的良性循环。

（四）有效挖掘潜在需求

全方位、一站式的综合金融服务体系，以高质量的金融供给，更好地发挥投融资的金融中介作用，释放存量资金，提供安全保障，激活市场要素，改善生产需求，有利于进一步改善供需关系，引导和创造新需求，提升总供给与总需求水平。

（五）提供风险管理工具

实体企业面临着各种风险，如市场风险、信用风险等，而金融控股公司能够提供多种类型的风险管理工具和服务，帮助企业降低风险，提高经营效益。对金融机构本身而言，唯有坚持金融服务实体经济才能脱虚向实，才能从根本上防范化解金融风险。

三、金融控股公司服务实体经济的经营模式

当前金融服务实体经济没有发挥出理想功效，根本原因在于金融机构的发展速度没有跟上实体经济发展模式的转型速度。金融控股公司要持续推动旗下金融机构创新发展，加快金融供给侧结构性改革，创新金融服务模式，提升金融服务质量，以高标准的金融体系服务实体经济高质量发展。

（一）优化金融资源供给

创新金融机构的产品供给和服务模式，大力发展数字金融，提高科创企

业及中小微企业的金融服务可得性。可借鉴德国"管家银行"模式，发挥数字技术优势，破除金融机构与企业之间的信息壁垒，增强关系韧性；积极尝试知识产权、专利、技术等新型融资服务，盘活企业软资产，拓宽抵押物渠道。指导金融机构形成差异化、特色化的发展定位，特别是区域性金融控股公司，要积极融入区域发展"小循环"，探索符合自身定位和业务能力的经营路径，构建多层次、广覆盖、差异化的银行体系。

（二）服务多层次资本市场建设

我国的融资结构长期以间接融资为主，信贷资产在金融总资产中的比重超过70%。金融机构要持续发力，提高直接融资比重，这有助于健全金融市场功能，丰富金融服务和产品供给，提高金融体系适配性。产业创新特别是一些前沿产业创新，往往投入多、周期长、风险高，研发成果存在较大的不确定性，传统金融供给难以完全满足产业创新的资金需求，而包括资本市场、投资银行和各类创投基金在内的直接融资体系，既能提供与其风险偏好相匹配的资金，又能提供业内专家较高水平的经营管理辅导。金融控股公司可以大力扶持证券公司、基金公司、直投机构建设，积极参与区域资本市场功能建设，提升服务多层次资本市场的能力。

（三）积极对接政策性金融服务

金融控股公司应积极响应国家政策，结合区域发展战略，通过制定业务战略指引，明确金融风险偏好，优化业务结构，防范经营风险。加强金融机构、风险担保机构、政策性金融机构等多方的合作沟通，建立企业、金融机构和政府多方共担的信贷风险机制，进一步发挥政策性银行、国家和地方融资担保机构、地方政府产业引导基金等的政策性金融优势，增强对现代产业体系的支持力度。充分发挥国家融资担保基金和地方融资担保机构的行业引导作用，通过提供增信服务撬动更多社会资本和金融资源，降低为科创企业提供债券融资及授信的风险。加大与政策性金融机构的合作，共同支持事关国家安全的战略性、基础性和先导性产业，以达到抵补风险、提高收益，实现商业可持续的目的。

四、金融控股公司服务实体经济的重点方向

金融体系的使命要与国家发展战略保持一致，要结合支持对象的本质提供金融服务方案，认识到直接融资和间接融资没有优劣之分。在引导金融服务实体经济的过程中，要发挥政府和市场两只手的合力，政府发挥支持和补充作用，但只有根据市场客观规律做决策、依靠经营主体才能形成正向循环。金融控股公司应该把支持实体经济高质量发展摆在更加突出的位置，做好科技金融、绿色金融、普惠金融、养老金融、数字金融五篇大文章，切实增加有效金融供给，把更多金融资源投向经济社会发展的重点领域和薄弱环节。

（一）支持国家发展战略

金融控股公司要心怀"国之大者"，在风险可控的前提下，遵循国际通行规则，积极响应国家政策号召，精准支持对宏观经济和区域经济具有重要带动作用的重点项目和工程，广泛参与西部大开发、京津冀协同发展、长江经济带发展、中部崛起等重大战略。在能源、交通、电信、水利等重大基础设施领域和城市轨道交通、地下管廊、供水供电等城市建设领域，要发挥重要支持作用。加大支持"卡脖子"领域技术攻关，提供更多中长期资金支持。

（二）服务科技创新

金融控股公司要充分利用人工智能、大数据等技术，加快完善科技金融服务体系，构建良好的科技金融生态，建立完善多元的融资体系，建立科创企业信用和融资风险评价机制，引导金融资源向科技创新领域倾斜，为科技创新、战略性新兴产业发展提供金融支撑。同时，金融控股公司要积极承担责任，不断加强与政府相关部门的沟通对接，推动搭建科技企业信用数据平台，探索建立适用于科技企业的信用征集、信用评级和信息共享机制，开创为科技创新、科技企业投放信用贷款的新方式。

（三）服务绿色转型

推动经济社会发展绿色化、低碳化，离不开综合金融的支持。金融控股公司要聚焦服务绿色发展和"双碳"战略，进一步加快绿色金融产品和服务创新，依托风电、太阳能发电、核电、生物质能发电、电网等新能源领域的信贷政策，加大信贷支持力度，提供合适的金融产品，不断提高绿色金融服务水平和能力，助力实现碳达峰、碳中和目标。要加快建设与制造业高质量发展相适应的绿色金融体系，服务传统经济绿色化转型，加大绿色金融、转型金融供给，更好地满足制造业绿色转型的融资需求。

（四）服务中小微企业

金融控股公司要整合金融资源，聚焦产业链、供应链中中小微企业的金融服务需求，准确把握金融支持供应链企业的难点痛点，在体制机制方面提高综合金融服务的普惠性和适配性。加快补齐服务短板，着眼实现共同富裕，调整信贷结构，更好地服务"三农"、小微企业、新型农业经营主体等。积极开发个性化、差异化、定制化的金融产品，满足各类经营主体的需求。支持旗下金融机构运用新技术优化服务流程，降低服务成本，不断扩大金融服务的覆盖面，提高金融服务的便利性。

（五）服务养老产业

随着我国人口老龄化程度的不断加深，国民养老需求持续上升，完善多层次养老保障体系已经成为积极应对人口老龄化战略中重要的一环。金融控股公司要积极关注"银发经济"，加大金融服务供给，创新金融产品与服务，做好养老金融这篇大文章。要通过各类金融手段支持养老产业发展，积极开发针对养老服务业的特色信贷产品，建立相关授信审批、信用评级、客户准入和利率定价制度，为养老服务业提供差异化的信贷支持。要不断丰富养老金融产品，建设养老金融服务平台，满足各种服务需求。

（六）服务制造业升级

随着新旧动能转换不断深入，转型升级下的制造业对金融产品和服务的需求日益多样化。传统制造业转型升级和战略性新兴产业快速成长都需要金融业加大服务力度，金融控股公司大有可为。金融控股公司应聚焦制造业发展的重点领域和薄弱环节，不断完善制造业金融服务体系，在业务上强效、在流程上提速、在产品上创新，力求精准发力，提供高效便捷的金融服务，推动制造业高质量发展。

（七）支持居民消费升级

金融控股公司要进一步拓展消费金融业务，积极满足居民在大宗耐用品消费、新型消费以及教育、旅游等服务领域的合理融资需求。要积极创新有利于医疗、养老、教育、文化、体育等社会领域企业发展的金融产品，探索股权、收益权、应收账款以及其他合规财产权利质押融资，激发社会领域的投资活力。

（八）支持外向型经济发展

作为拉动经济增长的"三驾马车"之一，外贸是连接国内国际双循环的关键枢纽。金融控股公司要积极为外向型经济发展提供金融服务，围绕跨境财富管理、跨境资产管理、跨境综合融资、跨境金融服务等方面，创新产品和服务渠道，推广"出口应收账款融资""出口信保保单融资""仓单质押融资"等线上融资服务，为外贸企业提供包括人民币贸易融资、结算在内的综合金融服务。

（九）服务新质生产力培育

新质生产力是创新起主导作用，摆脱传统经济增长方式、生产力发展路径，具有高科技、高效能、高质量特征，符合新发展理念的先进生产力质态。金融控股公司要充分发挥业务功能作用和综合金融优势，持续深化金融供给侧结构性改革，关注高科技、高效能、高质量的生产力发展路径，持续完善多维度、深层次、全方位的金融产品与服务，打通束缚新质生产力发展的堵点卡点，发挥金融杠杆效应，为培育和发展新质生产力注入金融动力，快速实现新质生产力的壮大和应用。

（十）积极落实乡村振兴战略

金融支持在推动乡村振兴中具有重要作用，金融控股公司要将服务乡村振兴作为重要的业务方向，通过投资兴业、科技创新和服务升级等手段，积极开展金融扶贫，推动建立金融服务乡村振兴长效机制。支持旗下金融机构优化机构设置和网点布局，下沉服务重心，提高审批效率，向乡村延伸拓展基础金融服务，推动基础金融服务基本全覆盖，实现涉农金融供给持续增加，推动金融服务乡村振兴、共同富裕的能力和水平持续提升，促进农民增收致富和美丽宜居乡村的建设。

五、金融控股公司服务实体经济的创新实践

金融控股公司要构建有效支持实体经济的体制机制，不断提升内部治理能力和金融服务质效，进一步发挥职能定位，优化金融资源供给，推动高质量发展各项目标任务落地见效。

（一）完善公司治理机制

金融控股公司要充分认识有效支持实体经济对长期稳健发展的重要意义，引导主要、控股股东适应高质量发展新要求，适当下调回报预期和分红要求，增加利润留存，提高资本充足水平。要自觉按照回归本源、专注主业、下沉重心的原则，确立科学的发展理念和战略方向，加强决策、执行、监督、评价等治理机制建设。加快完善全面风险管理体系，培育良好的风险文化。要围绕服务实体经济的本源，切实改进激励约束机制，纠正过于追求短期股东回报和收益、忽视客户服务和长期稳健发展的绩效考评体系。

（二）创新金融产品和服务

金融控股公司要根据实体经济的多样化需求，提供定制化的融资方案。这些方案结合企业的实际情况，灵活设计贷款条件、还款方式等，以满足企业的个性化融资需求。金融控股公司要发展供应链金融，利用供应链上下游企业的交易数据和信用关系，推出供应链金融产品，为供应链上的企业提供融资支持。要积极推出绿色金融产品，如绿色债券、绿色信贷等，支持环

保、节能、清洁能源等绿色产业的发展。这些产品不仅有助于推动经济向绿色化转型，还提高了金融服务的可持续性。

（三）推进普惠金融发展

金融控股公司要积极关注普惠金融发展，完善配套管理流程和考核机制，立足机会平等和商业可持续原则，进一步提高金融服务的覆盖率、可得性和满意度。鼓励旗下金融机构根据自身情况，形成多层次的普惠金融服务专业化组织体系，在坚持"流动性、安全性、盈利性"三性平衡的基础上，突出政策性要求，有效缓解中小微企业融资难、融资贵问题。加强服务收费管理，严格落实服务价格相关政策法规，切实帮助实体企业降低资金成本。

（四）构建协同服务组织架构

综合金融模式的构建需要一体化的组织架构和协同机制作为支撑。金融控股公司应加快管理体系改革，促进内部不同金融机构协同开展营销推广、客户服务、综合管理等工作，组建全能型人才队伍，打造多元化服务，有效激励各层级渠道、客户、数据、系统等资源共享，共同开发客户资源，挖掘潜在需求，从而增强金融服务实体经济的质效。

（五）完善供应链金融服务

金融控股公司要持续强化综合金融业务模式、运营模式和盈利模式，以加强"稳链、强链、补链"为综合金融服务目标，持续优化供应链金融服务机制，推动产业链和资金链协同发展。要联合供应链核心企业、配套服务机构、专业研究机构等，优化供应链融资授信模式和信用评价模型，丰富标准化的线上产品，探索弱确权的信用类产品，推动跨主体、跨区域、跨系统的模式创新，在产品创新、授信决策、业绩考核、不良容忍度及风险责任等方面实施差异化管理，推动供应链金融服务场景化、生态化、线上化和数字化，提升金融精准支持产业链供应链能力。

（六）加强金融科技应用

金融控股公司要创新服务模式和技术流程，积极探索利用大数据、区块链、人工智能等科技手段优化风险管理和信用评估体系，提高金融机构对科技企业融资的风险管理能力，持续提升对实体经济客户需求的研判能力，从而有针对性地开展业务创新。深化金融服务智慧再造，搭建多元融通的服务渠道，着力打造无障碍服务体系，提供更加普惠、绿色、人性化的数字金融服务。加快金融服务线上化，金融控股公司利用金融科技手段，建设移动平台、网上银行等渠道，使企业可以便捷地申请贷款、查询账户、办理结算等，提高金融服务的效率和便捷性。

（七）积极盘活信贷资源

金融控股公司要鼓励旗下金融机构优化资金供给结构，推动金融资源向新、向绿，提高资金使用效率。探索通过信贷资产证券化、信贷资产直接转让等业务，释放资本压力，盘活信贷存量。积极运用重组、追偿、核销、转让等多种手段，加快处置不良资产，释放信贷资源，提高信贷资源的回收率和再利用率。金融控股公司还可以利用自身综合金融服务的优势，推动信贷资源跨区域流动和优化配置，通过设立分支机构、开展跨区域合作等方式，将信贷资源投向经济发展相对滞后的地区和产业，促进区域协调发展。这不仅有助于缓解部分地区信贷资源紧张的问题，还有助于推动当地经济发展和产业转型升级。

（八）积极参与建设金融基础设施

金融控股公司积极参与建设金融基础设施，对于提升金融服务实体经济的能力、优化金融资源配置、防范金融风险具有重要意义。金融控股公司可以整合资源，搭建综合金融服务平台，集中展示各类金融产品和服务，提高金融服务的透明度和便捷性，为企业提供从融资、投资到风险管理等全链条的金融服务。积极参与信用信息体系建设，推动信用信息的共享和整合，建立全面、准确的信用评估体系，降低实体经济融资的信用成本。参与证券交易所、股权交易所等金融市场的建设和发展，为实体经济提供多元化的融资渠道和投资选择。

六、结语

金融作为国家核心竞争力的重要组成部分，其发展关系到中国式现代化建设的全局。目前，综合金融成为全球金融发展的重要方向。金融控股公司要坚持以人民为中心的价值取向，坚持把金融服务实体经济作为根本宗旨，聚焦新发展阶段、新发展理念、新发展格局，提高站位，主动担当，统筹调度信贷、债券、股权、理财、信托、保险等各类金融资源，有效扩大信贷规模，优化融资结构，防范金融风险，发挥好间接融资和直接融资在服务实体经济不同领域方面所具有的比较优势，不断提高与实体经济结构和融资需求的适配度，发挥好金融在现代经济中的"血脉"作用，为实体经济发展提供更高质量、更有效率的综合金融服务。

… 第十三章

金融控股公司人力资源管理

金融控股公司的人力资源管理是一个复杂且关键的领域，涉及人才的选拔、培养、激励和保留等多个方面。首要目标是根据金融控股公司的发展战略，合理配置人力资源，通过招聘、培训、使用、考核、评价、激励、调整等一系列过程，不断提高组织效能，吸引和保留优秀人才，增强员工的工作动力和归属感，调动员工的积极性，发挥员工的潜能，为企业创造价值，确保战略目标的实现。

一、金融控股公司人力资源管理的特点

金融控股公司是金融业的综合形态，其业务涵盖银行、证券、保险等多个领域，对人才的需求和依赖程度较高。金融行业有别于生产性行业，其核心是提供金融服务，这意味着金融行业的人力资源管理自有其特点与需求。

（一）金融行业面临更复杂的风险考量

金融业务涉及大量资金的流动和管理，金融机构面临各种内部和外部风险，金融干部需要具备辨识、评估和管理风险的能力，确保金融机构稳健经营。

（二）需要高度关注金融领域"四风"表现形式

要纠治行业"潜规则"和不正之风，摒弃"例外论""优越性""无关论""业务需要论"等错误论调，破除"金融精英论"等错误思想，整治过

分追求生活"精致化"、品味"高端化"的享乐主义和奢靡之风。

（三）职业操守和道德要求高

金融干部工作具有一定的公共服务属性，需要遵守较高的职业操守和道德准则，坚守诚信原则，以维护客户利益和金融市场秩序。原银监会发布了《银行业金融机构从业人员职业操守指引》，对金融从业人员提高道德素质和业务素质做出了制度安排。

（四）具有较高的专业性和复杂性

相比于常规金融机构，金融控股公司的运作涉及多种金融产品和服务，每种业务都有复杂的运作流程和风险特征。金融行业的业务复杂性对于员工的专业素质和知识水平提出了较高的要求。无论是在哪个细分领域，金融业员工都必须持续地更新知识和技能，以适应行业的变化和满足客户的需求。

二、金融控股公司人力资源管理的重点

人力资源管理涉及招聘、培训、激励、绩效管理、员工关系等方面的工作。金融控股公司人力资源管理的重点包括以下内容。

（一）健全管理制度

金融控股公司人力资源管理制度旨在规范和加强公司的人力资源管理工作，提高公司的综合竞争力，完善人力资源管理体系。金融控股公司的人力资源管理以服务发展、支撑业务为宗旨，以制度化、规范化、人性化为原则，以提升员工幸福感和归属感为目标。金融控股公司要持续对组织人事制度进行补充完善，全面查漏补缺，逐条梳理、修订完善，形成制度建设全面、种类清晰的人力资源管理制度体系，涵盖组织人事和人力资源管理的全部内容，使招聘、培训、薪酬、劳动关系等方面均有规可依、流程清晰。

（二）设计组织架构

金融控股公司的组织结构通常包括董事会、监事会、管理层以及精简、分工明确、互相协调制约的业务和管理部门，以确保公司的高效运作和规模

效应。要推动前中后台相分离，彼此交叉管理，从制度上遏制相关违规行为。前台业务部门应该包括金融市场部门（负责融资等工作）和投资部门（负责投资市场开拓）。中台部门包括产品开发部门、风险控制部门、资产管理部门、监督稽核部门、财务部门、IT支持部门等。后台部门包括综合行政部门、人力资源管理部门、战略规划部门等。金融控股公司的岗位设计通常基于其业务范围、管理需求以及市场定位等因素。

（三）加强人才选拔

金融控股公司业务多样，复杂程度更高，决定了核心人才的多元化、高素养。完善选人用人制度是金融控股公司管理的重要任务之一，只有建立科学合理的选拔机制、公平公正的用人机制，才能有效地提升内部管理水平，激发员工工作激情。人力资源部门需要根据金融控股公司的发展需要和岗位要求，制订招聘计划，并进行全面的招聘和选拔工作，建立一支具有多类型金融业务知识及行业管理经验的复合型人才队伍。要制定明确的选拔标准，注重候选人的专业技能、综合素质、潜力以及与企业文化的契合度。招聘渠道可以包括校园招聘、招聘网站、猎头和员工推荐等多种方式。在选拔过程中，可以通过面试、笔试、测评等方式来评估候选人的能力和适应性。

（四）优化绩效考核

为了吸引、激励和留住优秀人才，金融控股公司需要设计合理的薪酬激励和福利保障制度。要以提升科学发展能力和精细化管理水平为准则，优化薪酬激励措施，通过建立科学合理的分配机制，实现薪酬分配以岗位价值为依据、以业绩为导向。要通过制定合理的绩效考核指标，激发员工的积极性，评估员工的能力和表现。薪酬可以根据员工的岗位、能力和绩效等因素进行差异化设定，同时还可以考虑引入绩效奖金和股权激励等方式来激励员工。要实行差别化的薪酬制度，建立收入与贡献的高度关联，增强激励效果，推动薪酬向一线倾斜。福利保障包括五险一金、医疗保险、带薪休假等，以提高员工的工作满意度和归属感。

（五）稳健薪酬制度

2010年以来，财政部、原银监会、原保监会、证监会等金融行业监管机构密集出台了金融行业相关人员薪酬管理的办法、文件及规定，原银监会于2010年发布《商业银行稳健薪酬监管指引》，中国证券业协会于2022年发布《证券公司建立稳健薪酬制度指引》，覆盖金融行业的稳健薪酬制度基本形成。监管要求将薪酬管理与风险管理紧密结合，制定与风险水平、特征及持续期限相匹配的激励约束机制，保障全面风险管理的有效落实，实现稳健经营。要通过完善公司治理、明确各方职责、强化监督机制，保障薪酬制度有效落实，确保薪酬约束机制与合规管理有效衔接，避免过度激励、短期激励引发合规风险。明确应针对高管及关键岗位人员制定与其行为挂钩的绩效薪酬延期追索、扣回制度，强化薪酬总额管理，促进企业稳健经营和高质量发展。

（六）管理员工关系

良好的员工关系对于金融控股公司的稳定运营和团队合作至关重要。人力资源部门、工会、群团等部门需要建立健全员工关系管理机制，保持与员工的良好沟通和互动。可以组织员工座谈会、团队建设活动等，增强员工之间的交流和凝聚力。同时，及时化解员工之间的矛盾和纠纷，维护良好的工作环境。加强企业文化建设，丰富职工文体活动，让员工形成目标共识，形成更多相同的行为习惯、方式，形成共同的责任感、荣誉感和使命感等，让员工为企业的发展而共同奋斗。

（七）加强员工培训

金融领域一直处于快速发展和变化之中，这就意味着金融行业的员工需要通过进一步的培训时刻保持竞争力。那么，员工的持续学习与后续发展便变得尤为重要。不仅员工个人需要进行长远的职业规划，企业也需要定期评估员工的技能和知识，为他们提供有针对性的培训和发展机会。要根据金融控股公司的战略目标和业务需求进行员工培训的需求分析，通过调研和评估确定不同岗位和层级员工的培训内容和培训方式，制订培训计划。可以邀请专业的讲师进行培训，也可以邀请内部员工进行经验分享和案例分析。在培训结束后，还需要进行培训效果评估，通过问卷调查和考核测试等方式，评估培训的有效性和员工的满意度。注重培训内容的综合化，注重员工基本能力的培养，建立科学的培训管理体系，创新培训载体，缩短人才培养周期。打造专业化的内培师团队，发挥其在员工教育培训中的作用，有效传递发展理念，提升全员的综合素质和专业技能，促进业务稳健持续发展。

（八）加强轮岗交流

员工长期待在一个岗位上，面对日复一日、年复一年的重复性工作，不但会影响全局视野的形成，还会影响整体工作进度。应推行多岗位历练，特别是基层和一线的实践锻炼，这是干部成长发展不可或缺的重要一环。

（九）落实成长机制

金融控股公司需要为员工提供职业发展和晋升的机会和培训支持，可以通过内部岗位轮岗、跨部门培训等方式帮助员工拓宽职业发展的渠道。同时，还可以开展针对不同层级员工的管理培训，提升其管理和领导能力。要畅通干部晋升渠道，突出担当作为、干事创业的鲜明导向，强化考核引导，重点选拔工作业绩突出、成效显著的青年员工进行培养，推动干部年轻化。

三、金融控股公司人力资源发展策略建议

金融控股公司本身不经营金融业务，作为管理型总部，要从加强总部能力打造、强化人力资源管控、提供差异化的薪酬激励以及建立多元化的人才队伍等方面着手，全面推动人力资源管理改革，快速高效地赋能高质量发展。

（一）打造管理服务型总部

强化金融控股公司总部的管理职能，明确总部的核心定位，即作为企业的管理中心和服务支持中心，不断提升战略决策能力、资产整合能力、协同创新能力、风险控制能力、科技支撑能力，建设强大高效的学习型、创新

型、服务型总部，积极谋划发展战略，强化业务策略。积极构建高效管理体系，对总部的管理流程进行全面梳理和再造，消除冗余环节，提高管理效率。同时，注重流程的标准化和信息化建设，实现管理流程的透明化和可追溯性。强化服务支持能力，充分发挥总部的资源优势，对内外部资源进行有效整合和配置，为分支机构和企业员工提供更加全面、高效的服务。

（二）确立人力资源发展规划

人力资源战略应与金融控股公司的整体业务战略紧密对接，确保人力资源的配置和发展能够支持金融控股公司目标的实现。加强人力资源现状分析，通过问卷调查、访谈、数据分析等方式，全面了解企业当前的人力资源状况，包括员工数量、结构、素质、流动率等。加强人力资源前瞻性储备，基于行业趋势、市场需求和企业发展目标，预测未来人力资源需求，制订相应的人才招聘、培养和保留计划。密切关注金融行业的发展动态和人力资源市场的变化趋势，及时调整人才发展策略，优化人力资源发展规划。基于需求预测和供给分析，制定详细的人力资源实施方案，包括招聘计划、培训计划、激励计划等。

（三）建立差异化人力资源管控机制

建立以"人才战略规划管控、核心人才管控、重要岗位人事管控和人工成本管控"为核心的管控体系，对下属子公司进行分类分级管控，提高管控效率。一般而言，对市场化程度较高、自身管理水平较好的下属子公司，采取集权和分权结合的管控模式，总部作为政策指挥中心，对人力资源体系建设进行政策性和专业性指导。对市场化程度较低、自身管理水平不高的下属子公司，采取集权管控模式，总部制定统一的人力资源管理体系、政策、流程等，监督下属子公司实施。根据差异化管控模式分解关键控制环节，梳理细化管控内容，设计差异权责体系，明确职责定位和权责划分，形成清晰的管控权限表，并嵌入到人力资源信息化平台之中。

（四）构建差异化薪酬激励机制

考虑到下属企业发展阶段不同、行业多元化、管理成熟度参差不齐等因素，应根据下属子公司自身的管理水平，采用不断演化的、分类分级的管控模式，以最大化发挥不同子公司的发展潜力，提升管控效率。具体而言，从产权关系、业务多元化程度、经营管理能力、业务单元成熟度、风险体系独立性等维度对子公司进行系统评价，根据影响因素评估，对子公司进行组织管控分类；从经营规模、组织影响力、市场环境、管理难度等维度对子公司进行系统评价，根据影响因素评估，对子公司进行组织管控分级。试点推行中长期激励，可依据行业特点、所处发展阶段、人员结构和收入水平等情况科学选择激励方式，对下属企业试点推行"一企一策"激励计划，以正向激励为主，强化约束，激励水平与员工岗位职责、业绩贡献和考核评价结果相关联，实现激励与约束相统一，确保风险与收益相匹配。

（五）建立共享共用人才库

目前，金融控股公司对于人才的需求日益增加，尤其是复合型金融人才，而此类人才具有高度的稀缺性，难以在短时间内通过内部培养或外部引进加以补充。因此，应站在更加长远的角度去考虑复合型人才的储备与培养，强化"人才共享理念"，重点打造、分步建设内部人才库，并将人才库建设与人力资源信息化管理相结合，依托信息系统组织架构、绩效考核、人才招聘、培训管理、人才发展、决策分析等模块，实现人才库可视化，提升人才库信息化水平。建立跨行业人才储备体系，确保在不同的业务领域都有充足的专业人才。

（六）加强企业文化建设

积极强化内部沟通，建立有效的沟通机制，及时了解员工的需求和意见，促进企业内部信息的畅通和共享，提高员工参与感。建立完整的企业文化架构，包括企业精神、企业使命、企业愿景、企业核心价值观、经营理念、管理理念、人才理念等，形成一套系统的文化理念体系，这些价值观应体现金融控股公司的使命、愿景和长期发展目标。通过各种渠道和方式，如员工培训、内部宣传、领导示范等，将核心价值观传播给全体员工，并促使其内化为员工的行为准则。通过积极组织团队建设活动、庆祝重要节日等方式，增强员工的归属感和自豪感。根据评估结果和员工的反馈意见，及时对企业文化建设进行改进和优化，确保其始终符合企业的发展需求和员工的期望。要将"五要五不要"（要诚实守信，不逾越底线；要以义取利，不唯利是图；要稳健审慎，不急功近利；要守正创新，不脱实向虚；要依法合规，不胡作非为）的金融文化融入企业文化建设中，不断提升员工的金融素养，加强与监管的协作配合，防范化解金融风险，提高金融服务实体经济、服务人民的质效。

四、总结

当前，随着监管制度不断完善，金融控股公司的发展理念、组织架构、管控模式、业务发展、风险合规、金融科技等都将产生巨大的变化。金融控股公司人力资源管理必须顺应政策变化要求，持续优化选人用人机制，以科学的人才培养方法、有效的激励机制、公平的竞争平台、广阔的事业发展空间广纳良才，不断优化人员素质结构，为综合金融发展提供智力支持。

第十四章

金融控股公司监管评级管理

目前，监管暂未对金融控股公司本身的监管评级提出要求。金融控股公司作为金融机构的管理方，借鉴监管评级，可以有效促进金融机构的稳健运营。金融机构监管评级管理是一个系统性的过程，旨在通过评估金融机构的信用状况和风险水平，确保金融市场的稳定和金融机构的稳健运营。信用评级是专业评级机构对市场化主体整体风险的判断，从事信用评级的机构众多，标准不一，个性化较强，因此本章主要阐述监管评级管理。目前，我国各类金融机构的监管评级制度不断完善，银行、证券、保险、信托、金融租赁等各类型金融机构均需开展监管评级。

一、监管评级管理的重要性

（一）促进金融机构稳健经营

通过对金融机构的监管评级，监管机构可以及时发现和预警潜在的风险，从而采取相应的监管措施，维护金融市场的稳定和健康发展。对于金融机构而言，能够更加明确监管的导向，从而加强内部管理，提升风险防控和合规经营水平，有针对性地提升稳健经营能力。金融机构业务开展需遵循准入管理，监管评级也直连关联金融机构的业务广度和深度。

（二）优化监管资源配置

监管评级可以作为监管部门配置监管资源的重要依据，其评级结果将成为各金融机构市场准入、业务资质、创新试点等的评估依据，从而对金融机构实施分类监管、有效监管。监管部门根据评级结果，划分问题金融机构、高风险金融机构，对各金融机构实施差异化、针对性监管，使得有限的监管资源能够更加高效地利用。

（三）提供风险参考

监管评级基于严密的现场和非现场考核，是监管单位对金融机构的风险判断。由于监管评级往往将风险管理与合规管理作为基础构建评价指标体系，因此监管评级越高的金融机构往往越规范，也更受投资者和市场的欢迎，而监管评级较为靠后甚至中等以下的金融机构均存在一定的问题。

我国金融机构监管评级制度如表14-1所示。

表14-1　我国金融机构监管评级制度

机构类型	评级机构	评级制度
商业银行	国家金融监督管理总局	《商业银行监管评级办法》
证券公司	中国证监会	《证券公司分类监管规定》
保险公司	国家金融监督管理总局	《保险公司经营评价指标体系（试行）》《人身保险公司监管评级办法》《保险资产管理公司监管评级暂行办法》
期货公司	中国证监会	《期货公司分类监管规定》
信托公司	国家金融监督管理总局	《信托公司监管评级与分级分类监管暂行办法》
金融租赁公司	国家金融监督管理总局	《金融租赁公司监管评级办法（试行）》
消费金融公司	国家金融监督管理总局	《消费金融公司监管评级办法（试行）》
汽车金融公司	国家金融监督管理总局	《汽车金融公司监管评级办法》
企业集团财务公司	国家金融监督管理总局	《企业集团财务公司监管评级办法》
非银行支付机构	中国人民银行	《非银行支付机构分类评级管理办法》

二、监管评级的基本逻辑

（一）监管评级要素

目前，国家金融监督管理总局监管评级主要是借鉴国际通用的"骆驼（CAMEL）评级体系"并吸收境外监管评级做法，一般分别从资本充足（C）、资产质量（A）、管理质量（M）、盈利状况（E）、流动性风险（L）、市场风险（S）和信息科技风险（I）等要素出发，采取定量与定性相结合的方式进行评定。中国人民银行对金融机构的评级指标体系采用"数理模型＋专业评价"的模式，数理模型和专业评价得分加权平均即为评级最终得分。根据金融机构的监管重点，评级要素具有一定的差异性，但主要包括以下方面。

一是资本充足性。评估金融机构的资本是否充足，是否能支持其业务发展和风险承担。

二是资产质量。评估金融机构的资产质量和风险状况，包括信贷资产、投资资产等。

三是公司治理与管理质量。评估金融机构的公司治理结构、内部控制体系以及管理层的决策能力和执行力。

四是盈利状况。评估金融机构的盈利能力和盈利稳定性，以反映其经营状况。

五是流动性风险。评估金融机构的流动性风险状况，包括资金来源、流动性覆盖比率等。

六是市场风险。评估金融机构面临的市场风险，如利率风险、汇率风险等。

七是数据治理。评估金融机构的数据治理能力和数据质量，考察是否能确保其业务运营和风险管理的准确性和有效性。

（二）监管评级流程

监管评级是一个全面、系统的过程，旨在通过收集信息、量化打分、复核调整等步骤，对金融机构进行全面、准确的评估，为监管机构制定监管措施提供依据。不同类型金融机构的监管评级流程不同，但主要包括以下几个步骤。

一是信息收集。监管机构持续、全面、深入地收集与金融机构监管评级相关的内外部信息，充分反映金融机构的公司治理、风险管理、业务经营等情况，信息包括但不限于非现场监管信息、现场检查报告和数据、经营管理文件、审计报告、信访和违法举报信息及其他重要的内外部信息。

二是初步评估。根据收集到的信息，依据规定的评级方法和标准，对金融机构的信用状况和风险水平进行初步评估，形成初评结果。

三是综合评级。监管机构应遵循依法合规、客观公正、标准统一、突出重点的原则，在初评基础上对被评级金融机构的风险与管理状况进行再评价，对每一项评级要素进行充分分析，形成复评结果，确保评级结果的准确性和公正性。

四是结果反馈。评级结果均为监管机构内部掌握，点对点向金融机构发布，并不对外发布。金融机构应对监管评级结果严格保密，不得将监管评级结果向无关人员提供，不得出于广告、宣传、营销等商业目的或其他考虑对外披露，确有必要向其他监管部门、政府部门等特定对象提供监管评级结果的，应经监管机构同意后提供。

（三）监管评级结果应用

监管评级结果是实施差异化监管的基础，监管机构将根据监管评级结果，依法采取相关监管措施和行动。在监管措施设置方面，要求监管机构根据金融机构评级的高低，按照监管投入逐步加大的原则，采取相应强度的监管措施和行动。将监测评级结果与早期纠正衔接，对评级较差的金融机构及时采取风险纠正措施，注重"早期介入"，避免风险恶化、蔓延，防止风险隐患演变为严重问题。而对于已经出现信用危机、严重影响金融消费者和其他客户合法权益及金融秩序稳定的金融机构，则应稳妥制定和实施风险处置方案。中国人民银行在《中国金融稳定报告（2021）》中明确，央行在核定存款保险差别费率、发放普惠小微信用贷款、核准金融机构发债、开展宏观审慎评估（MPA）、审批再贷款授信额度、国库现金管理招标等工作中，将充分运用央行评级结果，切实发挥央行评级引导金融机构审慎经营的作用。此外，央行将定期向地方政府和金融监管部门通报央行评级结果和高风险金融机构的具体情况，推动风险信息的整合和监管关口的前移，提升风险防范化解的有效性。

三、金融机构的监管评级分类

监管评级相当于建立了一个金融机构风险信息库，用于对金融机构进行日常监测和监管评估，将提高金融机构风险识别和预警能力，做到早识别、早预警、早暴露、早处置。

（一）商业银行监管评级

根据《商业银行监管评级办法》（银保监发〔2021〕39号），商业银行监管评级结果分为1—6级和S级，其中，1级进一步细分为A、B两个档次，2—4级进一步细分为A、B、C三个档次。评级结果为1—6级的，数值越大反映机构风险越大，需要越高程度的监管关注。正处于重组、被接管、实施市场退出等情况的商业银行，经监管机构认定后直接列为S级，不参加当年监管评级。

（二）证券公司监管评级

根据《证券公司分类监管规定》（中国证券监督管理委员会公告〔2020〕42号），证券公司分为A（AAA、AA、A）、B（BBB、BB、B）、C（CCC、CC、C）、D、E等5大类11个级别。A、B、C三大类中各级别公司均为正常经营公司。D类、E类公司分别为潜在风险可能超过公司可承受范围的公司和因发生重大风险被依法采取风险处置措施的公司。评价计分为0分的证券公司，定为E类公司。评价计分低于60分的证券公司，定为D类公司。中国证监会每年根据行业发展情况，结合以前年度的分类结果，事先确定A、B、

C三大类别公司的相对比例,并根据评价计分的分布情况,具体确定各类别、各级别公司的数量。

(三)保险公司经营情况评级

根据《保险公司经营评价指标体系(试行)》(保监发〔2015〕80号),保险公司法人机构经营评价自2015年推出起,每年从速度规模、效益质量和社会贡献等维度,对保险公司的经营状况和效果进行评价。其中,财产险公司评价指标体系由保费增长率、综合成本率、风险保障贡献度等12项指标构成,人身险公司评价指标体系由保费增长率、综合投资收益率、风险保障贡献度等14项指标构成。根据评价结果,将保险公司分为A、B、C、D四类。A类公司是指在速度规模、效益质量和社会贡献等各方面经营状况良好的公司;B类公司是指在速度规模、效益质量和社会贡献等各方面经营正常的公司;C类公司是指在速度规模、效益质量和社会贡献某方面存在问题的公司;D类公司是指在速度规模、效益质量和社会贡献等方面存在严重问题的公司。

(四)人身保险公司监管评级

根据《人身保险公司监管评级办法》(金规〔2024〕4号),监管机构从公司治理、业务经营、资金运用、资产负债管理、偿付能力、其他等六个维度对人身保险公司进行评价,确定综合风险等级。综合风险等级划分为1—5级,数值越大表明风险越高,处于重组、被接管等状态的公司直接列为S级。

(五)信托公司监管评级

根据《信托公司监管评级与分级分类监管暂行办法》(金规〔2023〕11号),信托公司的监管评级结果分为1—6级,级别越高表明机构风险越大,越需要监管关注。其中,监管评级最终得分在90分(含)以上的为1级,80分(含)~90分为2级,70分(含)~80分为3级,60分(含)~70分为4级,40分(含)~60分为5级,40分以下为6级。监管评级结果3级(含)以上的为良好。并且从监管评级1级至6级,逐步提高信托公司非现场监管强度和现场检查频率。

（六）金融租赁公司、消费金融公司监管评级

根据《金融租赁公司监管评级办法（试行）》（银保监办发〔2020〕60号）、《消费金融公司监管评级办法（试行）》（银保监办发〔2020〕128号），金融租赁公司、消费金融公司评级体系较为相似，金融租赁公司、消费金融公司评级要素包括资本管理、管理质量、风险管理、战略管理与专业能力四方面的内容，权重占比分别为15%、25%、35%、25%。监管评级要素由定量和定性两类评级指标组成。评级结果分为1级、2级（A、B）、3级（A、B）、4级和5级共5个级别7个档次。监管部门按照不同的评级结果进行分类监管，对评级较低的公司，可区别情形依法责令暂停部分业务并且限制分配红利和其他收入，甚至依法启动市场退出机制。

（七）汽车金融公司监管评级

根据《汽车金融公司监管评级办法》（金规〔2024〕1号），汽车金融公司的监管评级结果从优到劣分为1—5级和S级，其中1—3级进一步细分为A、B两个档次。汽车金融公司出现重大风险的，直接划分为5级。处于重组、被接管、实施市场退出等情况的汽车金融公司，经监管机构认定后直接列为S级，不参加当年监管评级。监管评级结果将作为监管机构制定及调整监管规划、配置监管资源、采取监管措施和行动的主要依据。同时，也将成为国家金融监督管理总局对汽车金融公司业务分类监管的审慎性依据。对于风险较大的汽车金融公司，将限制开展高风险业务。

（八）财务公司监管评级

根据《企业集团财务公司监管评级办法》（金规〔2023〕1号），财务公司的监管评级结果分为1—5级和S级，其中1—3级进一步细分为A、B两个档次。监管评级结果应当作为衡量财务公司经营状况、功能发挥情况、风险管理能力和风险程度的主要依据，作为监管机构制定及调整监管规划、配置监管资源、采取监管措施和行动的主要依据，作为财务公司业务分级分类监管的审慎性条件。

（九）非银行支付机构分类评级

对非银行支付机构进行评价的主要依据是 2016 年 4 月中国人民银行下发的《非银行支付机构分类评级管理办法》（银发〔2016〕106 号）以及 2017 年 7 月中国银联业务管理委员会发布的《银联网络非银行支付机构业务评价办法》（银联业管委〔2017〕6 号）。非银行支付机构分类评级指标包括监管指标和自律管理指标，其中监管指标包括客户备付金管理、合规与风险防控、客户权益保护、系统安全性、反洗钱措施、持续发展能力六项，而自律管理指标由中国支付清算协会制定并上报中国人民银行。中国人民银行根据非银行支付机构的评价计分及相关特殊情况将其分为 A（AAA、AA、A）、B（BBB、BB、B）、C（CCC、CC、C）、D、E 共 5 类 11 级。中国银联业务管理委员会根据评价得分，将非银行支付机构分为 Ⅰ、Ⅱ、Ⅲ、Ⅳ、Ⅴ 共五级，并根据评价结果对非银行支付机构进行差异化、针对性监管。中国银联总分公司将根据非银行支付机构评价结果，从市场合作、创新产品开放、风险防控、数据服务等方面为不同类别的非银行支付机构提供差异化的服务。

四、总结

金融机构监管评级管理是一个复杂而重要的过程，它涉及多个要素和环节。通过对金融机构的信用状况和风险水平进行全面评估，可以及时发现和预警潜在的风险，维护金融市场的稳定和健康发展。同时，监管评级也可以作为监管部门配置监管资源的重要依据，促进金融机构的稳健运营。

第十五章

金融控股公司经营管理的公众责任

金融交易中存在着严重的信息不对称，普通居民很难拥有丰富的金融知识，在金融交易中处于劣势地位。金融控股公司及其控股的金融机构具有一定的公众公司特性，要坚持金融工作的政治性、人民性和专业性，在遵守法律的条件下，营造公平、安全、稳定的行业竞争秩序，以优质的专业经营，持续为国家、股东、员工、客户和社会公众创造经济价值，全面履行公众责任。

一、消费者权益保护责任

金融控股公司应该以消费者合法权益至上为原则，将消费者权益保护纳入公司治理、企业文化建设和经营发展战略，建立健全消费者权益保护体制机制。

（一）建立消费者权益保护审查机制

对面向消费者提供的产品和服务，在设计开发、定价管理、协议制定、营销宣传等环节进行消费者权益保护审查，从源头上防范侵害消费者合法权益的行为发生。推出新产品和服务或者现有产品和服务涉及消费者利益的条款发生重大变化时，应当开展审查。

（二）建立消费者适当性管理机制

对产品的风险进行评估并实施分级、动态管理，开展消费者风险认知、风险偏好和风险承受能力测评，将合适的产品提供给合适的消费者。建立消费者个人信息保护机制，处理消费者个人信息时应当坚持合法、正当、必要、诚信原则，切实保护消费者的信息安全权。

（三）完善消费者权益保护运行机制

规范营销行为，加强合作机构管理，推动服务收费透明、规范、合理化。强化消费者权益保护内部培训机制，对从业人员开展消费者权益保护培训。建立健全投诉处理工作机制，健全矛盾纠纷多元化解配套机制。

（四）完善消费者权益保护信息披露机制

在售前、售中、售后全流程披露产品和服务的关键信息，建立销售行为可回溯管理机制，对产品和服务销售过程进行记录和保存，利用现代信息技术，提升可回溯管理的便捷性，实现关键环节可回溯、重要信息可查询、问题责任可确认。

（五）加强金融知识宣传教育

建立多元化的金融知识教育宣传渠道，积极开展金融知识普及教育活动，帮助消费者了解金融常识和金融风险，提高金融消费者对金融产品和服务的认知能力，提升金融消费者的金融素养和诚实守信意识，倡导理性消费理念，树立价值投资观念。

二、反洗钱责任

根据《法人金融机构洗钱和恐怖融资风险管理指引（试行）》（银反洗发〔2018〕19号）、《法人金融机构洗钱和恐怖融资风险自评估指引》（银反洗发〔2021〕1号）等监管要求，金融控股公司需要聚焦跨金融业态洗钱风险漏洞，建立集团层面的洗钱风险自评估体系，加强对控股金融机构在反洗钱履职上的监督指导，补齐适用金融控股公司所有金融机构的反洗钱内控制度短板，践行对跨市场、跨行业和跨机构风险的识别、监测与管控，落实防范洗钱和恐怖融资风险责任。

（一）平衡业务发展与洗钱风险防范的关系

在集团层面特别明确个人客户拒绝共享其敏感个人信息时，是否继续与客户建立业务关系，以及继续与客户建立业务关系后获取客户相关信息的措施。制定集团统一的客户洗钱风险等级划分、调整及审核标准，防止客户在集团内不同机构呈现不同的风险等级。

（二）努力实现个人信息保护与利用的平衡

在数据私益和数据公益中探求双向平衡点，是数字经济时代保护个人信息和数据隐私的核心所在。因此，应在确保客户信息数据安全与保密的前提下，共享反洗钱信息数据，这是维护金融秩序、彰显数据公益的必要所在。可以将个人反洗钱信息数据划分为敏感个人信息、敏感个人信息外的其他个人信息以及基于反洗钱工作产生的客户风险等级、可疑交易报告事实等信息，并分别制定不同的个人信息处理规则。

（三）进一步健全集团内信息共享机制

金融控股公司应该在总部层面制定统一的反洗钱和反恐怖融资机制，总部合规、审计和反洗钱部门可以依法要求子公司提供客户、账户、交易信息及其他相关信息，在集团层面采取客户身份识别、可疑交易识别、潜在交易风险识别等反洗钱内部控制措施。应该建立内部信息共享制度和程序，明确信息安全和保密要求。

（四）构建集团层面的洗钱监测模型

深入了解金融控股公司内客户特性等风险因素，从身份特征、交易特征、行为特征等方面构建金融控股集团层面的洗钱监测模型。加强监测模型研究，不断加强跨金融业态洗钱行为监控，扩大洗钱风险监测覆盖面。

（五）强化子公司反洗钱管理

强化反洗钱合规管理，要求子公司上报可疑交易报告前经集团层面审核，同时，采取抽查等方式加强对子公司排除异常交易的再复核。统筹集团反洗钱岗工作人员配备，有针对性地开展反洗钱培训，持续提升反洗钱工作人员的技能水平。督促集团内相关机构及时排查与客户有关联或具有相似类型特点的洗钱全链条交易涉及的客户群体及产品风险，及时上报可疑交易报告。

（六）加强全流程洗钱风险管理

强化事前管控，进一步前移反洗钱关口，强化新产品、新业务事前反洗钱评估及审查机制，确保反洗钱措施落实到项目立项、产品研发、系统建设等关键环节中。落实事中预警，加强洗钱风险防控成果在各业务条线的运用，实时监控、预警或阻断洗钱和恐怖融资主体、可疑交易报告主体、高风险客户等发生的开户、授信、资金交易等业务，及时提示风险线索，切实织密以客户为单位的洗钱风险防控网。持续事后监测与评估，通过非现场监测等形式向子公司和业务部门发送洗钱风险提示和工作联系函，强化尽职调查，推动完善全流程洗钱风险管控机制。

三、风险管理和内部控制责任

内部控制作为金融机构管理体系的重要组成部分，对于保障金融机构公众责任的有效履行具有至关重要的作用。

（一）维护金融安全

2019年2月，习近平总书记在中共中央政治局第十三次集体学习时指出，防范化解金融风险特别是防止发生系统性金融风险，是金融工作的根本性任务。由于多层级的公司治理结构和多元化的业务布局，金融控股公司面临着风险复杂度高、传递性强、叠加效应大、信息严重不对称等难题，风险管理难度远高于一般金融企业。特别是在金融控股公司内部，金融机构彼此之间联系紧密，"骨牌效应"明显，任何一家金融机构出现问题，都会影响到其他金融机构，甚至整个金融行业，并且金融机构所提供的服务具有广泛性，会对整个社会造成较大影响。因此，金融控股公司应该承担维护金融安全的责任。需要建立健全风险管理体系，制定风险管理政策和措施，确保金融系统的稳定和安全。金融控股公司应该积极参与金融监管，遵守相关法律法规，防范金融风险的发生，保护投资者的利益。金融机构应建立健全风险管理体制和内部控制体系，合理评估和控制风险，保障金融体系的安全运行。加强金融控股公司风险管理和内部控制，有助于降低风险蔓延的可能性，对保护金融系统稳健运营具有重要意义。

（二）遵守合规要求

金融控股公司应严格遵守金融法律法规，规范经营行为，保障金融市场的稳定和健康发展。要坚持诚信经营，建立良好的企业形象和品牌信誉，赢得客户与社会的信任和支持。要加强信息披露，保持公开透明，接受社会监督，提高企业的社会责任感和公众形象。要筑牢产业资本和金融资本"防火墙"，依法规范非金融企业投资金融机构。加强股东资质穿透审核和股东行为监管，严格关联交易管理。

（三）加强内部控制

金融控股公司应着力建设高效且完善的内控机制，切实通过内控机制约束从业人员合规展业，提高经营稳定性。打造健全的内控机制，既有助于对金融从业人员的行为进行持久有效的监督，也有助于提高人才的创造力与主观能动性。要遵循"全覆盖、制衡性、审慎性、相匹配"的内部控制基本原则，坚持稳健审慎的风险偏好，明确金融控股公司内部控制职责、执行内部控制措施、完善内部控制保障、实施内部控制评价、抓实内部控制监督，加强和完善内控治理体系建设。要建立健全内部控制制度，覆盖风险管理、内部审计、合规管理等多个方面，确保内部管理的规范性和有效性。

（四）提升管理效率

现代化的金融业务对企业管理效率提出了更高的标准和要求，金融机构必须将能力提升、效率改进、管理优化与机制创新紧密结合，不断提升市场意识和专业能力，以高效率运转助力高质量发展，以高效率服务创造高质量价值。

（五）完善内部监督

加强董事会、高级管理层履职行为监督，引导金融机构选配政治强、业务精的专业团队，不断加强公司治理机构之间和高管人员之间的相互支持、相互监督。完善激励约束机制，健全不当所得追回制度和风险责任事后追偿制度。

四、其他公众责任

（一）环境保护责任

深入贯彻习近平生态文明思想，牢固树立"绿水青山就是金山银山"的理念，践行"双碳"战略，推广绿色运营，充分利用绿色节能新技术、新材料、新方法，推行绿色办公、绿色用能、绿色出行、绿色采购和节水节电等运营工作模式，尽可能减少日常营运对环境的负面影响。坚持"赤道原则"，发展绿色金融，推动经济转型、绿色发展，积极通过金融工具支持客户节约资源、保护环境，引导资源从高污染、高能耗产业流向理念、技术先进的部门，助力生态文明建设。

（二）推动共同富裕

实现全体人民共同富裕是中国式现代化的本质要求，金融控股公司要大力发展普惠金融服务，为广大农民、农村小微企业、农村贫困人口等提供高效、低成本、便捷的金融服务，满足他们在生产、消费、创业、公共服务等方面的金融需求，不断巩固脱贫攻坚成果，防止返贫和滑坡，推动乡村振兴和共同富裕。

（三）深耕社区发展

践行金融工作的人民性，助力实现人民美好生活，持续优化社区金融资源配置，搭建便民惠民服务体系，不断满足社区居民的金融服务需求。推动金融机构结合自身实际和经营特色制定专项金融服务方案，支持新市民就业、创业、住房、养老等多元化需求，加强新市民基础民生保障。积极为老年客户丰富金融场景服务，推进第三支柱养老保险体系建设，对接个人养老金融和养老服务的双重需求，不断提升综合化的产品与服务供给能力。

（四）信息公开责任

金融控股公司要按照法律、行政法规和监管要求，遵循真实、准确、完整的原则，加强信息披露事务管理，及时进行信息披露，保护投资者及其他利益相关者的合法权益。对信息披露中的虚假记载、误导性陈述及重大遗漏等依法承担责任。同时，金融控股公司作为服务实体经济的重要金融机构，监管鼓励其披露履行社会责任的情况。

（五）保障员工权益

严格遵守相关法律法规，保障员工各项合法权益，构建和谐的劳动关系。持续完善民主管理制度和运行机制建设，主动倾听员工心声，维护员工的民主权利。关注女性员工的特殊权益，为女性员工特殊权益保护提供制度保障，营造公正平等的工作环境。

（六）践行公益理念

坚持服务大众、关爱民生，以实际行动服务社会、感恩社会，弘扬金融行业正能量。持续践行公益理念，健全公益机制，踊跃参与防汛救灾、扶贫济困、扶弱助残、绿色环保等形式多样的公益活动。发扬奉献、友爱、互助、进步的志愿服务精神，建立健全志愿服务长效机制，丰富志愿服务的内涵，不断壮大志愿者队伍，持续打造志愿服务品牌，以实际行动向社会传递行业温度。

（七）涵养清廉金融

营造风清气正的良好氛围，培育和弘扬良好的金融文化，即：诚实守信，不逾越底线；以义取利，不唯利是图；稳健审慎，不急功近利；守正创新，不脱实向虚；依法合规，不胡作非为。深化贯通协同，推动清廉金融文化融入公司治理、内控合规、业务经营等环节，夯实高质量发展根基。将清廉金融文化与自身企业文化、合规文化深层次融合，打造特色鲜明的清廉金融文化品牌。

（八）信用环境建设

金融业是经营信用的行业，不仅要把诚信经营作为安身立命之本，做好守信讲义的表率，还要积极参与和推动全社会的诚信文化建设，为自身生存发展营造良好的环境。要巩固诚信经营形象，向消费者以及同业、中介服务等合作机构所推介产品和业务的信息要真实、完整，不得虚假宣传。要推动诚信文化建设，有力打击逃废债，对存在现实或潜在恶意逃废债风险的企业认真做好监测防控工作，对恶意逃废债行为做到动态管理、源头管控、有力打击，使守信者受到鼓励、失信者受到惩罚。

（九）倡导绿色办公

开展绿色低碳运营工作，充分利用绿色节能新技术、新材料、新方法。推行绿色办公，全面践行节能减排举措，坚持以"废旧利用，创新价值"的理念处理废弃物，增强废弃物处理能力，升级节能环保装备，推行无纸化办公，充分利用电话会议和视频会议，鼓励节约用水、用电。对于需要印制的材料，优先采取环保纸印刷。积极践行绿色采购理念，持续开展绿色采购实践，在同等条件下优先采购节能环保产品。在采购过程中，积极引导供应商共同履行绿色发展责任，并对供应商在采购准入、考核评价、不良行为管理等各环节进行审查和动态监控。

（十）加强金融创新

金融控股公司具有金融创新的制度和机制优势，应积极推动金融创新，为实体经济和社会发展提供支持。应关注并满足社会经济发展的新需求，为创新型企业和项目提供融资支持，促进经济转型升级。同时，还应注重可持续发展，推动绿色金融和社会责任投资的发展，引导资金流向环境友好、低碳经济项目。

五、结语

金融控股公司作为我国重要的金融力量，要完整、准确、全面地贯彻新发展理念，坚持以人民为中心的根本立场，履行好金融机构的责任，全力支持经济社会平稳运行，切实提升服务实体经济的质效，助力战略性新兴产业发展，加快推广惠民金融服务，深入推进乡村全面振兴，引导促进绿色低碳发展，持续保障和改善民生，全面推进金融工作高质量发展。

附　录

我国主要金融机构的业务与监管

中央金融工作会议要求全面加强金融监管，有效防范化解金融风险。切实提高金融监管有效性，全面强化机构监管、行为监管、功能监管、穿透式监管、持续监管，优化监管技术、方法和流程，实现风险早识别、早预警、早发现、早处置。

一、金融监管关注重点

金融监管重点关注金融机构的经营稳健和风险管理水平，可以通过资本充足性、资产质量、盈利能力、流动性等方面的指标来度量，这些指标是监管机构对金融机构进行监管和风险评估的重要工具。

（一）资本充足性

资本充足性是衡量金融机构抵御风险能力的重要指标，一般采用净资本比率、核心净资本比率、资本充足率等指标进行衡量。净资本比率是指净资本与风险加权资产的比率，核心净资本比率是指核心净资本与风险加权资产的比率，资本充足率是指所有资本与风险加权资产的比率。这些指标反映了金融机构在面临风险时可以承受的程度，较高的指标值表明金融机构具备较强的风险抵御能力。

（二）资产质量

资产质量是评估金融机构资产安全性和偿付能力的重要指标，常用指标包括不良贷款率、拨备覆盖率等。不良贷款率是指不良贷款与总贷款的比率，反映了金融机构贷款质量的好坏。拨备覆盖率是指拨备总额与不良贷款总额的比率，体现了金融机构对不良贷款的风险覆盖能力。这些指标反映了金融机构的风险管理水平和偿付能力，较低的指标值表明金融机构面临较大的风险和不确定性。

（三）盈利能力

盈利能力是评估金融机构经营稳定性和利润获取能力的重要指标，主要包括资本利润率、净利润率、投资收益率等。资本利润率是指净利润与平均资本的比率，净利润率是指净利润与营业收入的比率，投资收益率是指投资收益与投资总额的比率。这些指标反映了金融机构经营效益的好坏，较高的指标值表明金融机构的盈利能力较强。

（四）流动性

流动性是评估金融机构支付能力和债务偿付能力的重要指标，主要包括流动性比率、流动性覆盖率等。流动性比率是指流动性资产与流动性负债的比率，流动性覆盖率是指流动性资产与流动性需求之间的比率。这些指标反映了金融机构支付能力和债务偿付能力的安全性，较高的指标值表明金融机构具备较强的流动性风险管理能力。

（五）公司治理监管

推动金融机构健全现代金融企业制度，加强股东资质穿透审核和股东行为监管，严格关联交易管理。强化股东和董监高人员资质要求，加强董事会、高级管理层履职行为监督，引导金融机构选配政治强、业务精的专业团队，不断加强公司治理机构之间和高管人员之间的相互支持、相互监督。完善激励约束机制，健全不当所得追回制度和风险责任事后追偿制度。加强股东行为监管，督促金融机构全面细化和完善内控体系，严守会计准则和审慎监管要求。强化外部监督，规范信息披露，增强市场约束。

（六）保护消费权益

金融交易中存在着严重的信息不对称，普通居民很难拥有丰富的金融知识，而且金融机构的工作人员往往也不完全了解金融产品所包含的风险。这就导致相较于其他方面的消费，金融消费的当事人常常会遭受更大的利益损失。我国金融监管高度重视金融消费者权益保护，从强化金融知识宣传、规范金融机构行为、完善监督管理规则、及时惩处违法违规行为等方面，不断建立健全行为监管框架。

二、中国金融监管及金融组织体系

附表1　中国金融监管及金融组织体系

机构分类	机构名称	机构职能
监管机构	中国人民银行	中国人民银行是我国的中央银行，是在国务院领导下制定和执行货币政策、维护金融稳定、提供金融服务的宏观调控部门
	国家金融监督管理总局	国家金融监督管理总局是在中国银行保险监督管理委员会基础上组建的国务院直属正部级单位，履行银行业和保险业监管职能，并将中国人民银行对金融控股公司等金融集团的日常监管职责、有关金融消费者保护职责，中国证券监督管理委员会的投资者保护职责划入国家金融监督管理总局
	中国证券监督管理委员会	中国证券监督管理委员会为国务院直属正部级单位，依照法律、法规和国务院授权，统一监督管理全国证券期货市场，维护证券期货市场秩序，保障其合法运行
综合类	金融控股公司	金融控股公司是指对两个或两个以上不同类型金融机构拥有实质控制权，自身仅开展股权投资管理、不直接从事商业性经营活动的有限责任公司或者股份有限公司。以银行作为母公司控股多家金融机构形成的金融集团目前不列入金融控股公司管理
银行类金融机构	政策性银行与国家开发银行	国家开发银行、中国进出口银行和中国农业发展银行主要分别承担国家重点建设项目融资、支持进出口贸易融资和农业政策性贷款的任务

续表

机构分类	机构名称	机构职能
银行类金融机构	大型商业银行	大型商业银行包括中国工商银行、中国农业银行、中国银行、中国建设银行及交通银行。大型商业银行是我国银行体系的主体，以获取利润为经营目标，以经营存贷款、办理转账结算为主要业务，以多种金融资产和金融负债为经营对象，具有综合性服务功能，对我国经济和金融的发展起着重要作用
	股份制商业银行	股份制商业银行是大型商业银行以外的全国性股份制商业银行、区域性股份制商业银行的总称。中信银行、招商银行等属于全国性股份制商业银行
	城市商业银行	城市商业银行是中国银行业的重要组成和特殊群体，其前身是20世纪80年代设立的城市信用社，当时的业务定位是为中小企业提供金融支持，为地方经济搭桥铺路。20世纪90年代中期以来，以城市信用社为基础，各地纷纷组建城市商业银行
	农村金融机构	农村金融机构主要包括农村信用社、农村商业银行、农村合作银行、村镇银行、农村资金互助社和贷款公司，主要从事农村地区的银行金融服务业务
	中国邮政储蓄银行	中国邮政储蓄银行是在改革邮政储蓄管理体制的基础上组建的。中国邮政储蓄银行主要依托和发挥网络优势，以零售业务和中间业务为主，为城市社区和广大农村地区居民提供基础金融服务
	民营银行	民营银行是具备条件的民间资本依法发起设立的中小型银行，主要包括天津金城银行、上海华瑞银行、浙江网商银行、温州民商银行、深圳前海微众银行、湖南三湘银行、重庆富民银行、四川新网银行、北京中关村银行、吉林亿联银行、武汉众邦银行、福建华通银行、威海蓝海银行、江苏苏宁银行、梅州客商银行、安徽新安银行、辽宁振兴银行、江西裕民银行、无锡锡商银行等
	外资银行	外资银行是指依照有关法律、法规，经批准在中华人民共和国境内设立的外商独资银行、中外合资银行、外国银行分行、外国银行代表处

续表

机构分类	机构名称	机构职能
证券类金融机构	证券公司	证券公司是指经批准而成立的专门经营证券业务，具有独立法人地位的有限责任公司或者股份有限公司，可以承销发行、自营买卖或自营兼代理买卖证券。普通投资人的证券投资都要通过证券公司来进行
	证券服务机构	证券服务机构是从事证券投资咨询、证券资信评估、证券集中保管等证券服务业务的法人机构
	期货公司	期货公司是指依法设立的、接受客户委托、按照客户的指令、以自己的名义为客户进行期货交易并收取交易手续费的中介组织，其交易结果由客户承担。期货公司是交易者与期货交易所之间的桥梁
	基金管理公司	基金管理公司是指依据有关法律法规设立的对基金的募集、基金份额的申购和赎回、基金财产的投资、收益分配等基金运作活动进行管理的公司。证券投资基金的依法募集由基金管理人承担。基金管理人由依法设立的基金管理公司担任。担任基金管理人应当经国务院证券监督管理机构核准
保险类金融机构	保险公司	保险公司是依照法律法规和国家政策设立的经营商业保险和政策性保险的金融机构
	保险中介机构	保险中介机构是介于保险人和被保险人之间，专门从事保险业务咨询与推销、风险管理与安排、保险价值评估、损失鉴定与理算等中间服务活动，并获取佣金或手续费的组织
其他类金融机构	金融资产管理公司	金融资产管理公司是指经国务院决定设立的收购国有银行不良贷款，管理和处置因收购国有银行不良贷款形成的资产的国有独资非银行金融机构
	信托公司	信托公司是指依法设立的，以营业和收取报酬为目的，以受托人身份承诺信托和处理信托事务的金融机构
	企业集团财务公司	企业集团财务公司是指以加强企业集团资金集中管理和提高企业集团资金使用效率为目的，依托企业集团、服务企业集团，为企业集团成员单位提供金融服务的非银行金融机构

续表

机构分类	机构名称	机构职能
其他类金融机构	金融租赁公司	金融租赁公司是指经国家金融监督管理总局批准设立的，以经营融资租赁业务为主的非银行金融机构
	汽车金融公司	汽车金融公司是指经国家金融监督管理总局批准设立的、专门提供汽车金融服务的非银行金融机构
	货币经纪公司	货币经纪公司是指经批准在中国境内设立的，通过电子技术或其他手段，专门从事促进金融机构间资金融通和外汇交易等经纪服务，并从中收取佣金的非银行金融机构
	消费金融公司	消费金融公司是指经国家金融监督管理总局批准设立的，不吸收公众存款，以小额、分散为原则，为中国境内居民个人提供消费贷款的非银行金融机构
	银行理财子公司	银行理财子公司是指商业银行经国务院银行业监督管理机构批准，在中华人民共和国境内设立的主要从事理财业务的非银行金融机构
	金融资产投资公司	金融资产投资公司是指经国务院银行业监督管理机构批准，在中华人民共和国境内设立的，主要从事银行债权转股权及配套支持业务的非银行金融机构

三、商业银行业务主要监管指标

我国商业银行可以经营下列业务：吸收公众存款；发放短期、中期和长期贷款；办理国内外结算；办理票据承兑与贴现；发行金融债券；代理发行、代理兑付、承销政府债券；买卖政府债券、金融债券；从事同业拆借；买卖、代理买卖外汇；从事银行卡业务；提供信用证服务及担保；代理收付款项及代理保险业务；等等。按照规定，商业银行不得从事政府债券以外的证券业务和非银行金融业务。商业银行风险监管的核心指标分为三个层次，即风险水平类指标、风险迁徙类指标和风险抵补类指标。

（一）风险水平类指标

风险水平类指标包括流动性风险指标、信用风险指标、市场风险指标和操作风险指标,以时点数据为基础,属于静态指标。一是流动性风险指标,衡量商业银行的流动性状况及其波动性,包括流动性比例、核心负债比例和流动性缺口率,按照本币和外币分别计算。二是信用风险指标,包括不良资产率、单一集团客户授信集中度、全部关联度三类指标。三是市场风险指标,衡量商业银行因汇率和利率变化而面临的风险,包括累计外汇敞口头寸比例和利率风险敏感度。四是操作风险指标,衡量由于内部程序不完善、操作人员差错或舞弊以及外部事件造成的风险,主要为操作风险损失率,即操作造成的损失与前三期净利息收入加上非利息收入平均值之比。

(二)风险迁徙类指标

风险迁徙类指标衡量商业银行风险变化的程度,表示为资产质量从前期到本期变化的比率,属于动态指标。风险迁徙类指标包括正常贷款迁徙率和不良贷款迁徙率。一是正常贷款迁徙率。其为正常贷款中变为不良贷款的金额与正常贷款之比,正常贷款包括正常类贷款和关注类贷款。该项指标为一级指标,包括正常类贷款迁徙率和关注类贷款迁徙率两个二级指标。正常类贷款迁徙率为正常类贷款中变为后四类贷款(关注类贷款、次级类贷款、可疑类贷款、损失类贷款)的金额与正常类贷款之比,关注类贷款迁徙率为关注类贷款中变为不良贷款的金额与关注类贷款之比。二是不良贷款迁徙率。包括次级类贷款迁徙率和可疑类贷款迁徙率。次级类贷款迁徙率为次级类贷款中变为可疑类贷款和损失类贷款的金额与次级类贷款之比,可疑类贷款迁徙率为可疑类贷款中变为损失类贷款的金额与可疑类贷款之比。

(三)风险抵补类指标

风险抵补类指标衡量商业银行抵补风险损失的能力,包括盈利能力、准备金充足程度和资本充足程度三个指标。一是盈利能力指标,包括成本收入比、资产利润率和资本利润率。二是准备金充足程度指标,包括资产损失准备充足率和贷款损失准备充足率。三是资本充足程度指标,包括核心资本充足率和资本充足率。

四、证券公司业务主要监管指标

证券公司是指依照《中华人民共和国公司法》和《中华人民共和国证券法》的规定并经国务院证券监督管理机构审查批准而成立的专门经营证券业务,具有独立法人地位的有限责任公司或者股份有限公司。证券公司具有证券交易所的会员资格,可以承销发行、自营买卖或自营兼代理买卖证券。普通投资人的证券投资都要通过证券公司来进行。根据《证券公司风险控制指标管理办法》,证券公司应遵循审慎、实质重于形式的原则,计算净资本、风险覆盖率、资本杠杆率、流动性覆盖率、净稳定资金率等各项风险控制指标,编制净资本计算表、风险资本准备计算表、表内外资产总额计算表、流动性覆盖率计算表、净稳定资金率计算表、风险控制指标计算表等监管报表。

（一）资本指标

证券公司净资本由核心净资本和附属净资本构成。核心净资本 = 净资产 – 资产项目的风险调整 – 或有负债的风险调整 –/+ 中国证监会认定或核准的其他调整项目。附属净资本 = 长期次级债 × 规定比例 –/+ 中国证监会认定或核准的其他调整项目。证券公司经营不同的业务对净资本的要求不同。

（二）风险控制指标

证券公司必须持续符合风险控制指标标准：风险覆盖率（净资本/各项风险资本准备之和 ×100%）不得低于100%；资本杠杆率（核心净资本/表内外资产总额 ×100%）不得低于8%；流动性覆盖率（优质流动性资产/未来30天现金净流出量 ×100%）不得低于100%；净稳定资金率（可用稳定资金/所需稳定资金 ×100%）不得低于100%。

（三）风险准备

证券公司应当按照中国证监会规定的证券公司风险资本准备计算标准计算市场风险、信用风险、操作风险资本准备。市场风险资本准备按照各类金融工具市场风险特征的不同，用投资规模乘以风险系数计算；信用风险资本准备按照各表内外项目信用风险程度的不同，用资产规模乘以风险系数计算；操作风险资本准备按照各项业务收入的一定比例计算。

五、期货公司业务主要监管指标

期货公司是指依法设立的、接受客户委托、按照客户的指令、以自己的名义为客户进行期货交易并收取交易手续费的中介组织，其交易结果由客户承担。期货公司是交易者与期货交易所之间的桥梁。根据《期货公司风险监管指标管理办法》，期货公司应当持续符合以下风险监管指标标准。

（一）资本指标

期货公司净资本不得低于人民币 3000 万元。期货公司净资本是在净资产的基础上，按照变现能力对资产负债项目及其他项目进行风险调整后得出的综合性风险监管指标。净资本的计算公式为：净资本 = 净资产 – 资产调整值 + 负债调整值 –/+ 其他调整项。

（二）风险控制指标

一是净资本与公司风险资本准备的比例不得低于 100%。二是净资本与净资产的比例不得低于 20%。三是流动资产与流动负债的比例不得低于 100%。四是负债与净资产的比例不得高于 150%。

（三）风险准备

期货公司风险资本准备是指期货公司在开展各项业务的过程中，为应对可能发生的风险损失所需要的资本。最低限额结算准备金是指期货公司按照交易所及登记结算机构的有关要求以自有资金缴存用于履约担保的最低金额。

六、基金管理公司业务主要监管指标

基金管理公司是指依据有关法律法规设立的对基金的募集、基金份额的

申购和赎回、基金财产的投资、收益分配等基金运作活动进行管理的公司。证券投资基金的依法募集由基金管理人承担。基金管理人由依法设立的基金管理公司担任。担任基金管理人应当经国务院证券监督管理机构核准。目前对基金管理公司本身没有体系化的监管指标，对净资产和风险控制指标的要求不明确，但主要从以下几个方面对基金管理公司开展监管。

（一）公平交易限制

从事证券投资基金活动，应当遵循自愿、公平、诚实信用的原则，不得损害国家利益和社会公共利益。严禁直接或间接在不同投资组合之间进行利益输送（包括封闭式基金、开放式基金、社保组合、企业年金、特定客户资产管理组合等），要求建立信息公开、资源共享的公平投资管理环境。

（二）风险准备

公开募集基金的基金管理人应当从管理基金的报酬中计提风险准备金。公开募集基金的基金管理人因违法违规、违反基金合同等原因给基金财产或者基金份额持有人合法权益造成损失的，应当承担赔偿责任，可以优先使用风险准备金予以赔偿。

（三）投资交易限制

同一基金管理人管理的全部基金持有一家公司发行的证券，不得超过该证券的10%。同一基金管理人管理的全部开放式基金持有一家上市公司发行的可流通股票，不得超过该上市公司可流通股票的15%。同一基金管理人管理的全部投资组合持有一家上市公司发行的可流通股票，不得超过该上市公司可流通股票的30%。同一基金管理人管理的全部证券投资基金投资于同一原始权益人的各类资产支持证券，不得超过其各类资产支持证券合计规模的10%。同一金融机构发行的全部公募资产管理产品投资单只证券或者单只证券投资基金的市值不得超过该证券市值或者证券投资基金市值的30%。其中，同一金融机构全部开放式公募资产管理产品投资单一上市公司发行的股票不得超过该上市公司可流通股票的15%。同一金融机构全部资产管理产品投资单一上市公司发行的股票不得超过该上市公司可流通股票的30%。

七、保险公司业务主要监管指标

保险公司是依照法律法规和国家政策设立的经营商业保险和政策性保险的金融机构。根据《保险公司偿付能力额度及监管指标管理规定》（中国保险监督管理委员会令2003年第1号），监管主要关注保险公司的偿付能力，要求保险公司根据保障被保险人利益、保证偿付能力的原则，稳健经营，确保实际偿付能力额度随时不低于应具备的最低偿付能力额度。

（一）偿付能力额度指标

保险公司应当计算应具备的最低偿付能力额度，财产保险公司、人寿保险公司的计算方式不同，主要结合平均赔付额度、保险责任余额、营业收入、利润等指标计算，且根据《国家金融监督管理总局关于优化保险公司偿付能力监管标准的通知》（金规〔2023〕5号），对保险公司实施差异化资本监管。保险公司实际偿付能力额度等于认可资产减去认可负债的差额。保险公司的认可资产是指国家金融监督管理总局对保险公司进行偿付能力考核时，按照一定的标准予以认可，纳入偿付能力额度计算的资产。保险公司应按照国家金融监督管理总局制定的编报规则填报认可资产表。

（二）财产保险公司监管指标

财产保险公司的监管指标主要有保费增长率、自留保费增长率、毛保费规模率、实际偿付能力额度变化率、两年综合成本率、资金运用收益率、速动比率、融资风险率、应收保费率、认可资产负债率、资产认可率等11项。

（三）人寿保险公司监管指标

人寿保险公司的监管指标主要有长期险保费收入增长率、短期险自留保费增长率、实际偿付能力额度变化率、险种组合变化率、认可资产负债率、资产认可率、短期险两年赔付率、投资收益充足率、盈余缓解率、资产组合变化率、融资风险率、退保率等12项。

八、非银行金融机构业务主要监管指标

根据《非银行金融机构行政许可事项实施办法》（国家金融监督管理总局令 2023 年第 3 号），非银行金融机构包括金融资产管理公司、企业集团财务公司、金融租赁公司、汽车金融公司、货币经纪公司、消费金融公司、境外非银行金融机构驻华代表处等机构。

（一）金融租赁公司业务主要监管指标

金融租赁公司是指经国家金融监督管理总局批准设立的，以经营融资租赁业务为主的非银行金融机构。融资租赁是指出租人根据承租人对租赁物和供货人的选择或认可，将其从供货人处取得的租赁物按合同约定出租给承租人占有、使用，向承租人收取租金的交易活动。根据《金融租赁公司管理办法》（中国银行业监督管理委员会令 2014 年第 3 号），监管主要关注金融租赁公司的资本充足率、单一客户融资集中度、单一集团客户融资集中度、单一客户关联度、全部关联度、单一股东关联度、同业拆借比例等 7 个指标。2024 年 1 月，国家金融监督管理总局发布了《金融租赁公司管理办法（征求意见稿）》（截至 2024 年 6 月尚未正式发布），新增杠杆率、财务杠杆倍数等 2 个监管指标。

（二）信托公司业务主要监管指标

信托是指委托人基于对受托人的信任，将其财产权委托给受托人，由受托人按委托人的意愿以自己的名义，为受益人的利益或者特定目的，进行管理或者处分的行为。信托公司是指依法设立的，以营业和收取报酬为目的，以受托人身份承诺信托和处理信托事务的金融机构。根据《信托公司净资本管理办法》（中国银行业监督管理委员会令〔2010〕第 5 号），主要考察净资本和风险资本，要按照各项业务规模的一定比例计算风险资本并与净资本建立对应关系，确保各项业务的风险资本有相应的净资本来支撑。监管要求信托公司净资本不得低于人民币 2 亿元，净资本（净资产 – 各类资产的风险扣

除项－或有负债的风险扣除项－监管认定的其他风险扣除项）不得低于各项风险资本之和的 100%，净资本不得低于净资产的 40%。要根据固有业务、信托业务和其他业务的开展情况，合并计算风险资本（固有业务风险资本＝固有业务各项资产净值 × 风险系数；信托业务风险资本＝信托业务各项资产余额 × 风险系数；其他业务风险资本＝其他各项业务余额 × 风险系数）。

（三）企业集团财务公司业务主要监管指标

企业集团财务公司是指以加强企业集团资金集中管理和提高企业集团资金使用效率为目的，依托企业集团、服务企业集团，为企业集团成员单位提供金融服务的非银行金融机构。根据《企业集团财务公司管理办法》（中国银行保险监督管理委员会令 2022 年第 6 号），财务公司经营业务，应当遵守以下监管指标的要求：资本充足率不低于银保监会的最低监管要求；流动性比例不得低于 25%；贷款余额不得高于存款余额与实收资本之和的 80%；集团外负债总额不得超过资本净额；票据承兑余额不得超过资产总额的 15%；票据承兑余额不得高于存放同业余额的 3 倍；票据承兑和转贴现总额不得高于资本净额；承兑汇票保证金余额不得超过存款总额的 10%；投资总额不得高于资本净额的 70%；固定资产净额不得高于资本净额的 20%。

（四）汽车金融公司业务主要监管指标

汽车金融公司是指经国家金融监督管理总局批准设立的、专门提供汽车金融服务的非银行金融机构。根据《汽车金融公司管理办法》（国家金融监督管理总局令 2023 年第 1 号），汽车金融公司应当遵守以下监管指标：资本充足率、杠杆率不低于国家金融监督管理总局的最低监管要求；对单一借款人的授信余额不得超过资本净额的 15%；对单一集团客户的授信余额不得超过资本净额的 50%；对单一股东及其关联方的授信余额不得超过该股东在汽车金融公司的出资额；自用固定资产比例不得超过资本净额的 40%；流动性比例不得低于 50%。

（五）消费金融公司业务主要监管指标

消费金融公司是指经国家金融监督管理总局批准设立的，不吸收公众存款，以小额、分散为原则，为中国境内居民个人提供消费贷款的非银行金融机构。根据《消费金融公司管理办法》（国家金融监督管理总局令2024年第4号），消费金融公司应当遵守下列监管指标要求：资本充足率、拨备覆盖率、贷款拨备率、杠杆率不低于国家金融监督管理总局关于商业银行的最低监管要求；同业拆入余额不高于资本净额的100%；流动性比例不得低于50%；担保增信贷款余额不得超过全部贷款余额的50%；投资余额不高于资本净额的20%。

（六）货币经纪公司业务主要监管指标

货币经纪公司是指经批准在中国境内设立的，通过电子技术或其他手段，专门从事促进金融机构间资金融通和外汇交易等经纪服务，并从中收取佣金的非银行金融机构。根据《货币经纪公司试点管理办法》（中国银行业监督管理委员会令〔2005〕第1号），监管要求货币经纪公司持续保持充足的支付能力，注册资本的最低限额为2000万元人民币或者等值的自由兑换货币，以现金资产或等值国债形式存在的资本金必须至少能够维持3个月的运营支出，货币经纪公司分公司的营运资金不得少于1000万元人民币，货币经纪公司拨付各分公司的营运资金总计不得超过其注册资本金的50%。此外，货币经纪公司应在每年的利润中提取一定比例的风险基金，以弥补经营中可能发生的损失。

（七）金融资产管理公司业务主要监管指标

金融资产管理公司是指经国务院决定设立的收购国有银行不良贷款，管理和处置因收购国有银行不良贷款形成的资产的国有独资非银行金融机构。根据《金融资产管理公司条例》（中华人民共和国国务院令2000年第297号）、《金融资产管理公司监管办法》（银监发〔2014〕41号），重点关注金融资产管理公司的资本充足性、财务稳健性、多重杠杆、风险传染、风险集中、利益冲突、内部交易及风险敞口等指标。

（八）银行理财子公司业务主要监管指标

银行理财子公司是指商业银行经国务院银行业监督管理机构批准，在中华人民共和国境内设立的主要从事理财业务的非银行金融机构。根据《商业银行理财子公司净资本管理办法（试行）》（中国银行保险监督管理委员会令 2019 年第 5 号），对银行理财子公司主要监管净资本，要求净资本不得低于 5 亿元人民币或等值自由兑换货币，且不得低于净资产的 40%，并要求净资本不得低于风险资本的 100%。

（九）金融资产投资公司业务主要监管指标

金融资产投资公司是指经国务院银行业监督管理机构批准，在中华人民共和国境内设立的，主要从事银行债权转股权及配套支持业务的非银行金融机构。监管主要关注金融资产投资公司的股权投资和管理业务运行及风险情况，以及作为其主要股东的商业银行及其关联机构对所投资企业及其关联企业的授信、融资及投资变化情况。

参考文献

[1] 胡玉玮，冯天泽．金融控股公司监管国际经验借鉴[J]．现代金融导刊，2024（4）：27-30．

[2] 刘丹丹．我国金融控股公司开展金融消费者权益保护工作的必要性及其构想研究[J]．海南金融，2024（3）：67-76．

[3] 李师源．国有金融控股公司数字化转型升级难点与策略研究[J]．金融文坛，2023（11）：8-10．

[4] 易卫民．金融控股公司良好公司治理与ESG实践[J]．银行家，2023（10）：85-88．

[5] 易卫民．金融控股公司关联交易管理体系建设思考[J]．中国银行业，2023（9）：86-89．

[6] 易卫民．金融控股公司并表监管从理念到实践方案探索[J]．清华金融评论，2023（8）：38-40．

[7] 赖虹宇．我国金融机构股东加重责任的扩张与规范[J]．中国法学，2023（4）：200-219．

[8] 宋杨，刘红旗．国内关于金融控股公司研究的综述[J]．时代金融，2023（7）：50-53．

[9] 刘晓垌．金融控股公司内部个人信息共享的法律规制[J]．黑龙江金融，2023（6）：84-88．

[10] 卜林，任硕．我国交叉性金融业务的风险监管与防控[J]．西南金

融，2023（6）：42-55.

［11］易卫民.金融控股公司合规管理体系与信息系统建设研究［J］.黑龙江金融，2023（5）：71-75.

［12］黄仁存，谢昌立，阳磊，等.地方金融控股公司风险评估及预警体系研究［J］.金融经济，2023（5）：87-96.

［13］于威，左民玮.金融控股公司内部审计组建模式探索［J］.中国内部审计，2023（5）：24-29.

［14］林喜鹏.金融控股公司关联交易监管"组合拳"加速落地——《金融控股公司关联交易管理办法》解读［J］.金融博览，2023（5）：38-40.

［15］郑献伟.金融控股公司对控股金融机构的集团管控模式探析［J］.时代金融，2023（5）：53-58，71.

［16］易卫民.金融控股公司资本充足性核算实践探索［J］.现代金融导刊，2023（4）：57-63.

［17］李远航，周颖哲，冯涵钦，等.金融控股公司主要风险特征及影响因素实证研究［J］.金融经济，2023（4）：65-74.

［18］梅林.新时代地方金控集团高质量发展路径研究——以武汉金控为例［J］.武汉金融，2023（4）：84-88.

［19］李阳.互联网金融控股公司风险监管研究［J］.经济师，2023（3）：101-102.

［20］易卫民.我国金融控股公司加重责任制度及平衡机制探索［J］.清华金融评论，2023（2）：65-68.

［21］杨广.金融控股公司洗钱风险防范对策［J］.河北金融，2023（1）：50-54.

［22］宋慧中，梁洪泉，孙雪松.美日金融控股公司发展现状及启示［J］.银行家，2022（12）：86-89.

［23］孙馨.金融控股公司财务风险研究［D］.重庆：重庆大学，2022.

[24] 刘凤.我国金融控股公司监管问题研究［J］.河北金融，2022（8）：7-10.

[25] 易卫民.金控监管新规下金融控股公司协同模式与实务分析［J］.清华金融评论，2022（6）：69-71.

[26] 林道辉.金融控股公司恢复与处置计划法律制度研究［D］.海口：海南大学，2022.

[27] 郭阎钰.我国金融控股公司内部风险控制法律问题研究［J］.保定学院学报，2022，35（3）：40-47，54.

[28] 易卫民.金融控股公司协同模式与实务分析［J］.今日财富，2022（10）：28-30.

[29] 易卫民.金融控股公司全面风险管理指标体系构建［J］.今日财富（中国知识产权），2022（5）：41-44.

[30] 张晓璐.我国金融控股公司监管模式法律优化研究［J］.南方论刊，2022（5）：52-53，69.

[31] 陈彧杰.金融控股公司的法律规制研究［D］.成都：四川省社会科学院，2022.

[32] 许硕.并表基础上金融控股公司流动性风险研究［J］.黑龙江金融，2022（4）：15-18.

[33] 刘孟飞.我国金融控股公司反洗钱监管问题研究［J］.金融会计，2022（4）：53-57.

[34] 吴东霖.宏观审慎视角下金融控股公司穿透监管研究［J］.西部金融，2022（2）：65-68.

[35] 张凯莉.新形势下金融控股公司发展研究与监管思考［J］.中共郑州市委党校学报，2021（6）：35-39.

[36] 王鹏飞.员工持股计划作为金融控股公司股东的适格性探析［J］.北方金融，2021（12）：28-35.

[37] 王康，朱锦强.中国金融控股公司监管及优化对策研究——基于

中美比较的视角［J］.中央财经大学学报，2021（12）：34-44.

［38］邢会强，姜帅.数字经济背景下我国金融控股公司信息共享机制的完善［J］.金融评论，2021，13（6）：24-39，118.

［39］曾思.金融控股公司加重责任的理论基础与制度完善——以资产分割理论为视角［J］.政治与法律，2021（12）：92-106.

［40］尚文程.基于金融控股集团下分类审计体系构建原则的思考［J］.中国内部审计，2021（11）：30-33.

［41］方旭.地方金融控股公司助力实体经济发展的探索与思考［J］.清华金融评论，2021（11）：37-39.

［42］陈锋.金融控股公司风险隔离实践［J］.中国金融，2021（20）：80-82.

［43］石佳华.金融控股集团内部如何开展业务协同——基于金融资产管理公司分子公司协同视角［J］.银行家，2021（10）：117-119.

［44］谷凌云.金控公司推动第三支柱加快发展［J］.中国金融，2021（15）：65-66.

［45］黄莉媛，胡天惠.我国金融控股公司的现状及发展趋势［J］.经济研究导刊，2021（20）：93-95.

［46］吴均.治理结构与风险管控——浅析金融控股公司亟待完善的若干问题［J］.现代金融，2021（6）：21-26.

［47］张家硕，龙小燕.金控集团运营风险测度及管控——以某金控集团为例［J］.地方财政研究，2021（4）：95-100.

［48］赵伟欣，毛禾津，廖述魁.产业型金融控股集团风险度量及内部风险传染路径［J］.金融与经济，2021（3）：77-83.

［49］贺立.我国金融控股公司经营效率研究［J］.区域金融研究，2021（3）：29-38.

［50］杨叔军.基于微观视角的地方金融控股公司风险管理研究［J］.新经济，2021（3）：67-69.

[51] 周晓波，胡志九.金融控股公司综合经营的理论焦点、分歧及启示［J］.金融市场研究，2021（2）：99-107.

[52] 曹增和，冯雷，孙静雯，等.金融控股公司监管研究［J］.河北金融，2021（2）：56-59.

[53] 赵恩.金融控股模式下银行监管的优化对策［J］.经济师，2021（2）：112-113.

[54] 徐浩然.浅谈金控监管办法下地方金融控股公司的转型与发展［J］.金融市场研究，2021（1）：85-88.

[55] 连平.新形势下金融控股公司治理结构的改革与优化［J］.中国银行业，2020（12）：24-27.

[56] 范文仲.积极打造创新型金融控股公司［J］.中国银行业，2020（12）：28-29，8.

[57] 尹振涛.推动金融控股公司规范发展的监管要义［J］.中国银行业，2020（12）：30-32.

[58] 阮郁.金融控股公司内部风险治理存在的问题及改进建议［J］.财务与会计，2020（22）：81-82.

[59] 林江，李虹含，程一江，等.遏制金融乱象，实施金融控股公司准入管理和持续监管［J］.财政监督，2020（21）：40-50.

[60] 王鹏飞.金融控股公司机构准入监管的困境与应对［J］.南方金融，2020（12）：35-43.

[61] 赵鸿选，魏婷.金融控股公司会计信息披露比较分析研究——基于宏观审慎监管视角［J］.北方金融，2020（10）：76-80.

[62] 吴雨.实施准入管理和持续监管 提升服务实体经济质效——详解金融控股公司相关政策［J］.金融世界，2020（10）：92.

[63] 连平."双循环"下金控公司的规范发展［J］.中国金融，2020（Z1）：97-99.

[64] 刘倩.我国金融控股公司业务范围及监管要求研究——来自台湾

地区的经验借鉴［J］.时代金融,2020（27）:106-108.

［65］周小川.公司治理与金融稳定［J］.董事会,2020（9）:35-37.

［66］辛钇成.金融控股公司关联交易监管方略谈［J］.经济师,2020（9）:110-111.

［67］徐金麟,王凯.进一步健全金控集团公司治理［J］.中国金融,2020（15）:30-31.

［68］钱俏.我国银行金融控股公司监管模式探讨［J］.银行家,2020（7）:95-97.

［69］郑剑辉.我国金融控股公司监管体系研究［J］.时代金融,2020（17）:1-2.

［70］谢华军.金融控股公司股权划转国内外监管约束及政策建议［J］.金融经济,2020（5）:85-90.

［71］谢华军.金融控股公司全面风险管理监管经验比较研究——基于美国、欧盟、日本和中国台湾地区监管实践［J］.海南金融,2020（5）:58-64.

［72］温长庆.中国金融控股公司的风险透视与监管应对——兼论中国金融监管的主框架［J］.金融论坛,2020,25（5）:33-45,80.

［73］尹振涛,王甲旭.美国金融控股公司监管的框架、要点与措施［J］.金融监管研究,2020（4）:99-114.

［74］曾铭宇.金融控股公司关联交易的法律规制［J］.法制与社会,2020（7）:81-82.

［75］袁雷.基于宏观审慎管理的金融控股公司会计信息披露研究——站在并表监管的视角［J］.金融会计,2020（2）:28-34.

［76］郑丁灏.金融科技视域下金融控股公司的监管转型——兼议《金融控股公司监督管理试行办法（征求意见稿）》［J］.海南金融,2020（2）:66-73.

［77］王世军.宏观审慎管理视角下的金融控股公司会计信息披露研究

[J].北方金融,2020(1):53-55.

[78] 晏国祥.金融控股公司将是省联社改革的主流模式[J].银行家, 2020(1):43-45.

[79] 范云朋,尹振涛.金融控股公司的发展演变与监管研究——基于国际比较的视角[J].金融监管研究,2019(12):38-53.

[80] 郑联盛,武传德.完善金融控股公司监管的三对关系[J].金融博览,2019(10):52-53.

[81] 蔚然.消除监管真空,金融控股公司迎来强监管[J].金融经济, 2019(17):57-59.

[82] 王家强,梁斯.补齐金控公司监管短板[J].中国金融,2019(16): 72-73.

[83] 王勋.金控公司监管需系统性策略[J].中国金融,2019(16): 69-71.

[84] 彭兴韵.强化金融控股公司监管[J].银行家,2019(8):11-14.

[85] 陈希颖.台湾地区金融控股公司监管及统计框架启示[J].福建金融,2019(6):45-50.

[86] 中国人民银行济南分行会计财务课题组,杜树星.基于会计财务管理视角的金融控股公司监管框架研究[J].金融会计,2019(6): 28-35.

[87] 王甲旭,尹振涛.中国金融控股集团风险探究[J].金融博览, 2019(6):56-57.

[88] 石琮.金融控股公司监管的国际经验[J].西部金融,2019(5): 53-56.

[89] 徐鹏涛.美联储金融控股公司监管经验及启示[J].时代金融, 2019(14):2-3.

[90] 刘辉.金融控股集团风险评估、预警和监管应对探索研究[J].国际金融,2019(4):74-80.

[91] 胥爱欢，杨苌苌.金融控股公司资本充足性评估和监管的国际经验及启示[J].西南金融，2019（4）：14-20.

[92] 韩晓宇，董治.金融控股集团发展模式的国际比较与经验借鉴[J].银行家，2019（4）：72-75.

[93] 俞勇.金融控股公司风险管理：监管变革与能力提升[J].清华金融评论，2019（3）：80-82.

[94] 殷剑峰.金融结构改革推进经济转型——评《新时代中国金融控股公司研究》[J].中国金融，2019（5）：98.

[95] 邵昱晔，巫伍华，林燕萍，等.金融控股公司风险防范与监管的实践与启示——基于台湾地区金融处罚典型案例[J].福建金融，2019（2）：57-61.

[96] 郭强，张琦琦，李天歌，等.金融控股公司监管问题研究[J].华北金融，2019（2）：10-16，33.

[97] 颜苏.金融控股公司框架下数据共享的法律规制[J].法学杂志，2019，40（2）：61-70.

[98] 张丽云，麻艳.金融控股公司管理的国际经验与启示[J].中国农村金融，2019（3）：93-95.

[99] 周昕，虞磊珉.金融控股公司立法与监管的国际经验[J].银行家，2019（2）：116-118.

[100] 韩晓宇，董治.金融控股集团发展模式的国际经验[J].银行家，2019（2）：50-53.

[101] 韩芳，程思超，李函晟，等.完善我国金融控股公司反洗钱监管的政策研究[J].海南金融，2019（1）：57-61.

[102] 张怡.金融控股公司治理结构改革[J].中国金融，2019（1）：60-61.

[103] 尹振涛.互联网金融控股公司的监管[J].中国金融，2019（1）：57-59.

[104] 俞勇.金融控股公司监管体系转型［J］.中国金融，2019（1）：55-57.

[105] 朴成镇，朱泽成，李仙子.国外金融控股集团监管模式对我国的启示［J］.金融发展评论，2018（12）：29-33.

[106] 王世军.金融控股公司资本充足情况计算方法与应用探析［J］.财务与金融，2018（6）：10-14.

[107] 李文君.我国金融控股公司监管问题研究与对策建议［J］.华北金融，2018（11）：43-51，74.

[108] 胡志强.金融控股公司监管模式的国际比较与启示［J］.金融发展评论，2018（11）：35-43.

[109] 舒超华.美国金融控股公司监管实践及启示［J］.河北金融，2018（11）：3-7，23.

[110] 龚卓铭.金融控股公司并购协同效应研究［J］.时代金融，2018（29）：160.

[111] 韩晓宇.金融控股公司监管的优化对策［J］.银行家，2018（10）：64-66.

[112] 郝臣，付金薇，王励翔.我国金融控股公司治理优化研究［J］.西南金融，2018（10）：58-65.

[113] 陈志军.母公司对子公司控制理论探讨——理论视角、控制模式与控制手段［J］.山东大学学报（哲学社会科学版），2006（1）：133-139.